JN065470

公認心理師試験 事例問題の解き方本 PartⅢ

はしがき

公認心理師試験の事例問題の解説本は，今回で３冊目になります。１冊目は，2018 年度９月試験の解説と，後半に追加の 12 月試験のセレクト問題の解説です。２冊目は，2019 年度試験の解説と，後半にオリジナル事例問題 20 問を掲載しました。

今回の３冊目は，2020 年度試験の解説と，後半に掲載するものとして次のように考えました。過去３回および今回（2020 年度）を合わせた４回分の事例問題を見ると，領域としては医療，福祉，教育からの出題が多く，さらに各領域には項目（出題内容）にも一定の傾向が見られます。すなわち，医療では「認知症」関連のもの，福祉では「児童虐待・高齢者虐待」関連のもの，教育では「不登校・登校渋り」関連のものの出題が多いということです。

そこで，過去３回分の事例問題の中からそれらを抽出して掲載することにしました。合計 27 問で，そのうち 24 問が正答率 60%以上の標準的な問題です。これを解くことで，基本的な知識および考え方が身に付くと思います。

さらに，難解問題（正答率 60%未満のもの）も過去３回分の中から代表的なものを 10 問セレクトして，これも掲載することにしました。難解問題で１問でも多く正解を導き出すことができれば，合格へかなり有利になることも確かです。

例えるならば，標準問題は正解に達するまで一本道です。しかし，難解問題は２本あるいは３本の道に分かれていて，適切な道を選ばないと正解にたどり着くことができません。その分かれ道に正解への道しるべがあるはずです。それを見つければ，間違った道を進まないですむのです。

本書では，各事例問題の最後に【着眼点】が書かれています。事例問題を解いてみて，これが正解への道しるべではないかと思ったことを書いたつもりです。

最後に，事例問題は無限に作れるわけではありません。過去問を見直すと，似たような問題が出ていたり，中身は違っても出題者のねらいが同じであったりする問題が散見されます。過去問をやっておく意味がここにあるのです。本書が，読者の方々にとって大いに役立つものであることを願っております。

令和３年４月

元創価大学教授　山口勝己

目　次

I　2020年12月試験・全事例問題（38事例）解説

1　医　療

2　福　祉

3　教　育

4　産　業

5　司　法

6　その他

Ⅱ　3領域（医療・福祉・教育）事例問題（27事例）解説

1　認知症関連の事例問題

2　児童虐待・高齢者虐待関連の事例問題

3　不登校・登校渋り関連の事例問題

Ⅲ　過去３回の試験における難解問題（セレクト10事例）解説

1　2018 年９月試験　難解問題

2　2018 年 12 月試験　難解問題

3　2019年8月試験　難解問題

【正答率と肢別解答率データについて】

各問題に，正答率と肢別解答率データを掲載しています。

2020/12/20 試験については，辰已法律研究所が行った出口調査（受験者1703 人の解答再現）に基づく正答率と肢別解答率データです。

2019 年，2018 年の試験についても辰已法律研究所が行った当時の出口調査のデータを掲載しています。

正答率とは，正答した割合です。解答を２つ選ぶ問題の正答率は，２つ全て解答したものの割合です。

肢別解答率とは，選択肢ごとの解答した割合です。

本書の内容・構成

◆事例問題は得点源！　2020年試験の全事例問題の解説を掲載！
Ⅱでは，頻出３領域（医療・福祉・教育）の過去問を掲載！
さらにⅢでは過去３回の試験から難解問題の解法を解説！

本書は，2020年（令和2年）12月20日に行われた第3回公認心理師試験の全事例問題・38問及び2018年，2019年試験から頻出3領域の問題27問，さらに2018年，2019年試験より難解と思われる問題10問をセレクトして解説しています。

◆これは便利！　問題・解説の表裏一体構成！

冒頭に，分野・問題番号・項目・関連知識の一覧表を掲載しています。そして，各事例問題を分野別に配置し，問題・解説を表裏一体構成で掲載しました。問題を解いてから，解説を読むことができます。

◆関連知識で知識の幅を広げよう！

関連知識も適宜掲載しています。1事例を解くことに関連して，さらに知識の幅を広げることができます。

◆出口調査に基づく正答率と肢別解答率データを掲載！

各問に辰已法律研究所が京都コムニタス（URL：https://www.sinri-com.com/）と協力して実施した出口調査に基づく正答率と肢別解答率データを掲載しています。

本書籍に掲載の公認心理師試験の事例問題は，一般財団法人日本心理研修センターのHP（http://shinri-kenshu.jp/）から転載しました。

I

2020年12月試験全事例問題（38事例）解説

Ⅰ　2020 年 12 月試験・全事例問題（38 事例）解説

分野	問題No.	項　目	正答率（%）	難解問題
医療（12）	61	多理論統合モデル	66.1	
	62	心理学的支援	86.6	
	64	乳幼児の状態と親の問題	81.6	
	69	食欲不振，るい痩	51.4	*
	70	物忘れの心配	65.7	
	72	知能検査と適応行動尺度	45.1	*
	75	睡眠衛生指導	92.6	
	137	テストバッテリー	13.0	*
	138	うつ病への対応	61.4	
	140	物忘れ	98.8	
	142	認知症	92.0	
	146	心理教育	96.2	
福祉（3）	76	虐待への対応	86.5	
	136	育　児	24.8	*
	139	高齢者虐待	83.4	
教育（13）	60	インテーク面接	74.0	
	66	知識の定着	78.6	
	71	自殺のリスクの評価	93.0	
	74	高次脳機能障害	82.6	
	77	コンサルテーション	78.7	
	141	非行理論	21.0	*
	145	インテーク面接	96.1	
	147	不登校の原因	70.6	
	149	カウンセリングの基本的態度	86.0	
	150	注意欠如多動性障害（AD/HD）	93.4	

	152	性同一性障害	91.3	
	153	自閉症スペクトラム障害	93.8	
	154	コンサルテーション	47.1	*
産業(6)	63	災害時の心理的支援	94.1	
	68	社内の心理相談室	74.7	
	73	アセスメント	67.1	
	143	職場復帰	69.9	
	144	職場のメンタルヘルス対策	94.5	
	148	落下事故防止	92.0	
司法(2)	65	家庭裁判所の決定	48.5	*
	67	保護観察制度	46.1	*
その他(2)	59	実験の結果	33.3	*
	151	仕事と家庭の役割圧力	57.3	*

1　医 療

2020−61

問 61　30 歳の男性A，自営業。Aは独身で一人暮らし。仕事のストレスから暴飲暴食をすることが多く，最近体重が増えた。このままではいけないと薄々感じていたAは，中断していたジム通いを半年以内に再開するべきかどうかを迷っていた。その折，Aは健康診断で肥満の指摘を受けた。

J. O. Prochaska らの多理論統合モデル〈Transtheoretical Model〉では，Aはどのステージにあるか。最も適切なものを 1 つ選べ。

① 維持期
② 実行期
③ 準備期
④ 関心期（熟考期）
⑤ 前関心期（前熟考期）

2020－61　多理論統合モデル

問 61　30 歳の男性A，自営業。Aは独身で一人暮らし。仕事のストレスから暴飲暴食をすることが多く，最近体重が増えた。このままではいけないと薄々感じていたAは，中断していたジム通いを半年以内に再開するべきかどうかを迷っていた。その折，Aは健康診断で肥満の指摘を受けた。

J. O. Prochaska らの多理論統合モデル〈Transtheoretical Model〉では，Aはどのステージにあるか。最も適切なものを 1 つ選べ。

① 維持期
② 実行期
③ 準備期
④ 関心期（熟考期）
⑤ 前関心期（前熟考期）

まず，選択肢を眺めると，①～⑤はステージを示している。多理論統合モデルのステージであるが，それを知らなくても⑤→④→③→②→①の順に進むことがわかる。

Aはこのままではいけないと感じているが，6 か月以内にジム通いを再開すべきかどうか迷っているので，まだ実行していないし申し込みもしていない。したがって，③か④かを判断するとき，関心はあるが 1 ヶ月以内に行動を変えようと思っていないので，④が正しい。

選択肢の検討

① × 維持のステージは問題外である。
② × 実行のステージには遠い。
③ × まだ準備のステージに至っていない。
④ ○
⑤ × 健康に関心はある。

解　答	④

【辰已法律研究所の出口調査に基づく正答率と肢別解答率データです】

参考 / 1703 人肢別解答率 Data% by 辰已法律研究所				正答率 66.1%
肢1	肢2	肢3	肢4	肢5
0.5%	1.6%	13.3%	66.1%	18.4%

着眼点

多理論統合モデルについて理解する必要がある。

多理論統合モデル（行動変容ステージモデル）では，人が行動を変える場合は「無関心期」→「関心期」→「準備期」→「実行期」→「維持期」の５つのステージを通ると考える。行動変容のステージをひとつでも先に進むには，その人が今どのステージにいるかを把握し，それぞれのステージに合わせた働きかけが必要になる。

1980 年代前半に禁煙の研究から導かれたモデルであるが，その後食事や運動をはじめ，いろいろな健康に関する行動について幅広く研究と実践が進められている。行動変容ステージモデルでは，以下のように考える。

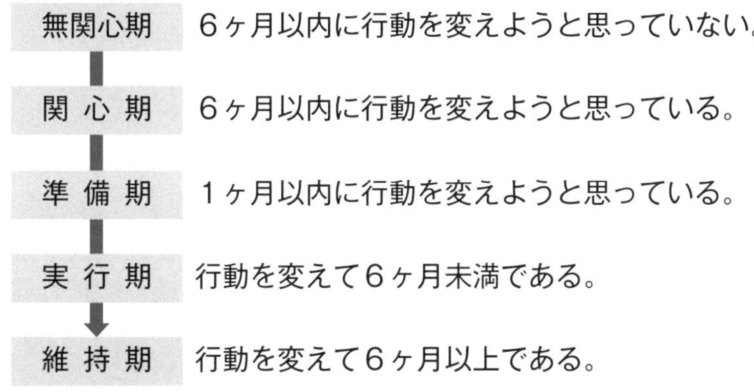

【行動変容ステージモデル】
無関心期
6ヶ月以内に行動を変えようと思っていない。
関心期
6ヶ月以内に行動を変えようと思っている。
準備期
1ヶ月以内に行動を変えようと思っている。
実行期
行動を変えて6ヶ月未満である。
維持期
行動を変えて6ヶ月以上である。

出典：厚生労働省　e-ヘルスネット　行動変容ステージモデル
https://www.e-healthnet.mhlw.go.jp/information/exercise/s-07-001.html

2020－62

問 62　30 歳の女性Ａ，会社員。Ａは，精神科病院において入院治療を受けている。20 代後半より抑うつエピソードを繰り返していたが，医療機関の受診歴はなかった。入院の１か月ほど前から口数が多くなり，卒業後交流のなかった高校時代の友人たちに電話やメールで連絡を取るようになった。衝動的な買い物が増え，職場での尊大な態度が目立つようになった。心配した家族の支援で入院となり，１か月が経過した。症状は改善しつつあるが，依然として口数は多く，睡眠は不安定である。Ａは，仕事を休んでいることへの焦りを主治医に訴えている。

この時点での公認心理師のＡへの支援として，最も適切なものを１つ選べ。

① 障害年金制度について情報を提供する。
② 幼少期の体験に焦点を当てた心理面接を行う。
③ 会社の同僚に対する謝罪の文章をＡと一緒に考える。
④ 毎日の行動記録を表に付けさせるなどして，生活リズムの安定を図る。
⑤ Ａの同意を得て，復職の時期について職場の健康管理スタッフと協議する。

2020−62　心理学的支援

問62　30歳の女性A，会社員。Aは，精神科病院において入院治療を受けている。20代後半より抑うつエピソードを繰り返していたが，医療機関の受診歴はなかった。入院の1か月ほど前から口数が多くなり，卒業後交流のなかった高校時代の友人たちに電話やメールで連絡を取るようになった。衝動的な買い物が増え，職場での尊大な態度が目立つようになった。心配した家族の支援で入院となり，1か月が経過した。症状は改善しつつあるが，依然として口数は多く，睡眠は不安定である。Aは，仕事を休んでいることへの焦りを主治医に訴えている。

この時点での公認心理師のAへの支援として，最も適切なものを1つ選べ。

① 障害年金制度について情報を提供する。
② 幼少期の体験に焦点を当てた心理面接を行う。
③ 会社の同僚に対する謝罪の文章をAと一緒に考える。
④ 毎日の行動記録を表に付けさせるなどして，生活リズムの安定を図る。
⑤ Aの同意を得て，復職の時期について職場の健康管理スタッフと協議する。

まず，選択肢を眺めると，①情報の提供（障害年金制度），②心理面接（幼少期の体験），③謝罪文（会社の同僚に対して），④行動記録（生活リズムの安定），⑤復職の時期について協議（職場の健康管理スタッフ）となり，選択肢に関連はみられない。

事例に書かれている抑うつエピソードというのは，うつ的な状態のことで，抑うつ気分や興味と喜びの喪失，活動性の減退，それによる疲れやすさの増大といった症状のことである。ICD-10には，他に集中力と注意力の減退があると記載されている。

Aは，仕事を休んでいることへの焦りを主治医に訴えているので，復職を望んでいることが考えられる。したがって，復職が可能であるか否か，復職がまだ無理であるなら復職が可能になるためにはどんなことをしたら良いか，これらが公認心理師の支援すべきことである。

入院して1か月が経過し，症状は改善しつつあるが，依然として口数は多く，睡眠は不安定なので，退院して復職するのは時期尚早と思われる。したがって，復職を進める⑤は誤りである。

入院を続け，さらに症状が改善されれば復職も可能と思われるので，現時点で障害年金制度についての情報は必要ないことから①は誤りである。抑うつエピソードは 20 代後半からなので，あえて幼少期の体験に焦点を当てる必要はなく②も誤りである。

口数が多いこと，衝動的な買い物が増えたことから，Aが躁状態であったことを示しており，そのようなときの職場での尊大な態度なので，同僚に対する謝罪文を書くことも大事であるが，復職につながるわけではないので③も誤りである。

残った④「毎日の行動記録を表に付けさせるなどして，生活リズムの安定を図る」が，復職を可能にする支援と考えられるので，④が正しい。

選択肢の検討

① ×　復職の可能性もあり，現時点では必要ない。

② ×　抑うつエピソードは 20 代後半からなので，あえて幼少期の体験を取り上げる必要はない。

③ ×　同僚に対する謝罪文を書くことも大事であるが，復職につながるわけではない。

④ ○

⑤ ×　退院して復職の時期を協議するのは時期尚早である。

解　答　④

【辰巳法律研究所の出口調査に基づく正答率と肢別解答率データです】

参考 / 1703 人肢別解答率 Data% by 辰巳法律研究所				正答率 86.6%
肢1	肢2	肢3	肢4	肢5
1.5%	3.5%	0.2%	86.6%	8.2%

着眼点

抑うつエピソード，入院前後の症状（とくに躁状態），復職の支援といったことがポイントである。

2020−64

問 64　１歳半の男児Ａ。母親ＢがＡの高熱とけいれん発作を訴えて，病院に来院し，Ａは入院することとなった。これまでに複数の病院に通院したが，原因不明とのことであった。Ｂは治療に協力的で献身的に付き添っていたが，通常の治療をしてもＡは回復しなかった。Ｂは片時もＡから離れずに付き添っていたが，点滴管が外れたり汚染されたりといった不測の事態も生じた。ある日突然，Ａは重症感染症を起こし重篤な状態に陥った。血液検査の結果，大腸菌など複数の病原菌が発見された。不審に思った主治医がＢの付き添いを一時的に制限すると，Ａの状態は速やかに回復した。

Ａの状態と関連するものとして，最も適切なものを１つ選べ。

① 医療ネグレクト
② 乳児突然死症候群
③ 乳幼児揺さぶられ症候群
④ 反応性アタッチメント障害
⑤ 代理によるミュンヒハウゼン症候群

2020－64　乳幼児の状態と親の問題

問 64　１歳半の男児Ａ。母親ＢがＡの高熱とけいれん発作を訴えて，病院に来院し，Ａは入院することとなった。これまでに複数の病院に通院したが，原因不明とのことであった。Ｂは治療に協力的で献身的に付き添っていたが，通常の治療をしてもＡは回復しなかった。Ｂは片時もＡから離れずに付き添っていたが，点滴管が外れたり汚染されたりといった不測の事態も生じた。ある日突然，Ａは重症感染症を起こし重篤な状態に陥った。血液検査の結果，大腸菌など複数の病原菌が発見された。不審に思った主治医がＢの付き添いを一時的に制限すると，Ａの状態は速やかに回復した。

　Ａの状態と関連するものとして，最も適切なものを１つ選べ。

① 医療ネグレクト
② 乳児突然死症候群
③ 乳幼児揺さぶられ症候群
④ 反応性アタッチメント障害
⑤ 代理によるミュンヒハウゼン症候群

まず，選択肢を眺めると，乳幼児の症状（②③④）と親の問題（①⑤）に分けることができる。乳幼児の症状のうち②の乳児突然死症候群は，１歳以下の健康に見えていた乳児が，通常は睡眠中に予期せず突然死亡することで，原因は不明である。したがって，②は誤りである。③の乳幼児揺さぶられ症候群は，乳幼児を激しく揺さぶることで起きる頭部の損傷で，大きな回転力で脳や周辺の血管や神経が傷つくとされる。したがって，③も誤りである。④の反応性アタッチメント障害については，幼い頃に不適切な養育（虐待や育児放棄）を受けた子どもは，安心感や愛情が満たされないため，親子の愛着がうまく築けなくなることがあり，うれしさや楽しさの表現が少なく，つらいときや甘えたいときも素直に甘えられず，人のやさしさに嫌がる態度を見せる。したがって，④も誤りである。

親の問題のうち①の医療ネグレクトは，治療を受けないと子どもの生命・身体・精神に重大な影響が及ぶ可能性が高いにもかかわらず，保護者が治療に同意しなかったり，治療を受けさせる義務を怠ったりすることで，ネグレクトの一つに分類される。したがって，①は誤りである。

⑤の代理によるミュンヒハウゼン症候群は，自分の体を傷つけ病気をつくって病院を渡り歩く「ミュンヒハウゼン症候群」の一種で，対象が代理（子ども）になったものが「代理によるミュンヒハウゼン症候群」で，子どもなど弱者を使って行う虐待である。「病院を舞台にした虐待」とも言われ，病院に駆け込む症状は様々だが，母親によるものがほとんどで被害の大半は乳幼児である。入院中は片時も子どもから離れず，献身的に看病する。母親に医療の知識があることも少なくない。以上のことから，⑤が正しい。

選択肢の検討

① ×　親が子どもの治療を拒否したりすることである。
② ×　乳児が通常は睡眠中に予期せず突然死亡することである。
③ ×　乳幼児を激しく揺さぶることで起きる頭部の損傷である。
④ ×　不適切な養育を受けた子どもが親子の愛着をうまく築けなくなることである。
⑤ ○

解　答　⑤

【辰巳法律研究所の出口調査に基づく正答率と肢別解答率データです】

参考 / 1703 人肢別解答率 Data% by 辰巳法律研究所				正答率 81.6%
肢1	肢2	肢3	肢4	肢5
12.3%	0.3%	3.2%	2.5%	81.6%

着眼点

子どもの心身に問題を生じさせる代表的なものが列挙されている。必須事項として覚えておかなければならない。

2020－69

問 69　16 歳の女子Ａ，高校１年生。Ａは，食欲不振，るい痩のため１週間前から入院中である。高校に入学し，陸上部に入部した後から食事摂取量を減らすようになった。さらに，毎朝6時から走り込みを始めたところ，４か月前から月経がなくなり，１か月前から倦怠感を強く自覚するようになった。入院後も食事摂取量は少なく，「太ると良い記録が出せない」と食事を摂ることへの不安を訴える。中学校までは適応上の問題は特になく，学業成績も良好であった。自己誘発嘔吐や下剤の乱用はない。身長は 159cm，体重は 30kg，BMI は 11.9 である。

公認心理師のＡへの支援として，不適切なものを１つ選べ。

① 食事へのこだわりを外在化する。
② Ａの家族に治療への参加を促す。
③ 部活動への葛藤について傾聴する。
④ 栄養士の助力を得て食事日記を付けることを勧める。
⑤ 点滴を受けて，栄養状態を速やかに改善するように勧める。

2020−69　食欲不振，るい痩

問69　16歳の女子A，高校1年生。Aは，食欲不振，るい痩のため1週間前から入院中である。高校に入学し，陸上部に入部した後から食事摂取量を減らすようになった。さらに，毎朝6時から走り込みを始めたところ，4か月前から月経がなくなり，1か月前から倦怠感を強く自覚するようになった。入院後も食事摂取量は少なく，「太ると良い記録が出せない」と食事を摂ることへの不安を訴える。中学校までは適応上の問題は特になく，学業成績も良好であった。自己誘発嘔吐や下剤の乱用はない。身長は 159cm，体重は 30kg，BMI は 11.9 である。

公認心理師のAへの支援として，不適切なものを1つ選べ。

① 食事へのこだわりを外在化する。
② Aの家族に治療への参加を促す。
③ 部活動への葛藤について傾聴する。
④ 栄養士の助力を得て食事日記を付けることを勧める。
⑤ 点滴を受けて，栄養状態を速やかに改善するように勧める。

まず，選択肢を眺めると，食事と栄養（①④⑤）という言葉が目につく。

事例を読むと，食事摂取量の少なさという問題があり入院中である。るい痩と言うのは，脂肪組織が病的に減少した症候をいう。本事例は，自己誘発嘔吐や下剤の乱用はないが，食事を取ることへの不安が強く食事量へのこだわりがある。

食事へのこだわりを外在化すること，食事日記を付けることは，食事について意識させることになるので意味があり，①④は適切である。Aの治療にとって家族の協力は必要なので，②も適切である。Aの適応上の問題は，高校の陸上部に入部してからなので，部活動への葛藤について傾聴する必要があり，③は適切である。

⑤「点滴を受けて，栄養状態を速やかに改善するように勧める」は，一見正しいように思えるが，点滴の意味を検討する必要がある。点滴は，脱水（食中毒，熱中症等）に対する補液として使うと効果があるし，嘔吐や下痢の際に，口からとれない水分や塩分，糖分を補給するために行うことが多い。しかし，栄養補給目的の点滴はほとんど期待できず，上述した脱水に対する水分補充の効果しかないのである。したがって，⑤

が不適切である。

出典：厚生労働省　e－ヘルスネット　摂食障害：神経性食欲不振症と神経性過食症
https://www.e-healthnet.mhlw.go.jp/information/heart/k-04-005.html

選択肢の検討

① ×　適切。食事へのこだわりを意識させる必要がある。
② ×　適切。家族の協力は必要である。
③ ×　適切。部活動への葛藤について傾聴する必要がある。
④ ×　適切。食事日記を付けて自分の状態を客観的にとらえる必要がある。
⑤ ○　不適切。栄養補給目的の点滴はほとんど期待できない。

解　答　⑤

【辰已法律研究所の出口調査に基づく正答率と肢別解答率データです】

参考 / 1703 人肢別解答率 Data% by 辰已法律研究所				正答率 51.4%
肢1	肢2	肢3	肢4	肢5
31.2%	4.8%	4.1%	8.3%	51.4%

着 眼 点

本事例問題の選択肢を選んだ割合は，①31.2%，⑤51.4%と二分されるが，点滴の目的についての知識があるか否かによって正誤が決まる問題である。点滴には，プラセボ（偽薬）効果があると言われている。疲れた体にブドウ糖，電解質溶液を静脈に直接入れることで，楽になったと感じることは多いにあるが，これは1時間から2時間，ベッドで休んでいることで疲れが少し改善されたのであり，点滴によるプラセボ効果といえるものである。プラセボ効果は，期待や快感によって免疫力が高まること，他には暗示や自然治癒力が背景にあると考えられている。

出典：中島義明他　心理学辞典　有斐閣　1999

2020－70

問 70　72 歳の男性Ａ。Ａは，高血圧症で通院している病院の担当医に物忘れが心配であると相談した。担当医の依頼で公認心理師Ｂが対応した。Ａは，１年前より徐々に言いたいことがうまく言葉に出せず，物の名前が出てこなくなった。しかし，日常生活に問題はなく，趣味の家庭菜園を楽しみ，町内会長の役割をこなしている。面接時，軽度の語健忘はみられるが，MMSE は 27 点であった。２か月前の脳ドックで，頭部 MRI 検査を受け，軽度の脳萎縮を指摘されたという。

　ＢのＡへの助言として，不適切なものを１つ選べ。

①　高血圧症の治療を続けてください。
②　栄養バランスのとれた食事を心がけてください。
③　運動習慣をつけて毎日体を動かすようにしてください。
④　生活習慣病の早期発見のために定期的に健診を受けてください。
⑤　認知症の予防に有効なお薬の処方について，医師に相談してください。

2020−70　物忘れの心配

問70　72歳の男性A。Aは，高血圧症で通院している病院の担当医に物忘れが心配であると相談した。担当医の依頼で公認心理師Bが対応した。Aは，1年前より徐々に言いたいことがうまく言葉に出せず，物の名前が出てこなくなった。しかし，日常生活に問題はなく，趣味の家庭菜園を楽しみ，町内会長の役割をこなしている。面接時，軽度の語健忘はみられるが，MMSEは27点であった。2か月前の脳ドックで，頭部MRI検査を受け，軽度の脳萎縮を指摘されたという。

BのAへの助言として，不適切なものを1つ選べ。

① 高血圧症の治療を続けてください。
② 栄養バランスのとれた食事を心がけてください。
③ 運動習慣をつけて毎日体を動かすようにしてください。
④ 生活習慣病の早期発見のために定期的に健診を受けてください。
⑤ 認知症の予防に有効なお薬の処方について，医師に相談してください。

まず，選択肢を眺めると，①高血圧の治療，②栄養バランスのとれた食事，③運動習慣，④生活習慣病のための定期的な健診，⑤認知症の予防のための薬，というものが目につく。

主訴は「物忘れが心配」ということである。MMSE（ミニメンタルステート検査）27点は，軽度認知障害が疑われる（23点以下が認知症疑い）。それは，頭部MRI検査で軽度の脳委縮があることによるのかもしれない。

生活習慣病に含まれる高血圧症で通院しているので，①は適切である。認知症予防には，糖分を控え，バランスのとれた食生活を心がける必要があるので，②は適切である。運動をすると血液の循環が高まり，脳も働きが活性化されるので，③は適切である。生活習慣病には高脂血症・高血圧・糖尿病などがあり，本人の気づかないうちに動脈硬化を進行させるので，定期的な健診は必要であり，④は適切である。

アルツハイマー型認知症に有効な薬があり，認知機能の改善や認知機能障害の進行抑制が期待されている。しかし，薬は医師が必要と判断して処方するものである。Aはアルツハイマー型認知症と診断されているわけではないので，今はまだ薬の処方は必要ないと思われる。したがって，⑤は不適切である。

選択肢の検討

① ×　適切。動脈硬化を防止するために必要である。
② ×　適切。糖分を控え，バランスのとれた食生活を心がける必要がある。
③ ×　適切。運動は脳を活性化するので必要である。
④ ×　適切。生活習慣病のための定期検診は必要なことである。
⑤ ○　不適切。薬は医師が必要と判断して処方するものである。

解　答　⑤

【辰已法律研究所の出口調査に基づく正答率と肢別解答率データです】

参考 / 1703 人肢別解答率 Data% by 辰已法律研究所				正答率 65.7%
肢1	肢2	肢3	肢4	肢5
6.7%	1.4%	9.0%	17.0%	65.7%

着眼点

一つは，MMSE（ミニメンタルステート検査）についての知識があるか否かということである。点数から認知症疑いではない。もう一つは，認知症の薬についての知識があるか否かということである。認知症に有効な薬はあるが，担当医の依頼で対応したのに，再び医師に薬の処方で相談させるのは越権行為のように思われる。

2020－72

問 72　８歳の男児Ａ，小学２年生。授業についていけないという保護者からの主訴で，児童精神科クリニックを受診した。家庭生活では問題なく，勉強も家で教えればできるとのことであった。田中ビネー知能検査では IQ69，Vineland-Ⅱでは，各下位領域の v 評価点は９～11 であった。

Ａの評価として，最も適切なものを１つ選べ。

① 知的機能が低く，適応行動の評価点も低いため，知的能力障害の可能性が高い。

② 知的機能は低いが，適応行動の評価点は平均的であるため，知的能力障害の可能性は低い。

③ 保護者によると，家庭生活では問題ないとのことであるが，授業についていけないため，学習障害の可能性が高い。

④ 保護者によると，勉強も家で教えればできるとのことであるが，授業についていけないため，学校の教授法に問題がある可能性が高い。

2020－72　知能検査と適応行動尺度

問72　8歳の男児A，小学2年生。授業についていけないという保護者からの主訴で，児童精神科クリニックを受診した。家庭生活では問題なく，勉強も家で教えればできるとのことであった。田中ビネー知能検査ではIQ69，Vineland-Ⅱでは，各下位領域のv評価点は9～11であった。

　Aの評価として，最も適切なものを1つ選べ。

① 知的機能が低く，適応行動の評価点も低いため，知的能力障害の可能性が高い。
② 知的機能は低いが，適応行動の評価点は平均的であるため，知的能力障害の可能性は低い。
③ 保護者によると，家庭生活では問題ないとのことであるが，授業についていけないため，学習障害の可能性が高い。
④ 保護者によると，勉強も家で教えればできるとのことであるが，授業についていけないため，学校の教授法に問題がある可能性が高い。

　まず，選択肢を眺めると，①知的能力障害の可能性が高いこと，②知的能力障害の可能性が低いこと，③学習障害の可能性が高いこと，④学校の教授法の問題がある可能性が高いこと，とまとめられ，①と②は正反対であることが分かる。

　事例を読むと，田中ビネー知能検査とVineland-Ⅱが実施されている。前者は，IQ70以下が知的障害と判定される。後者は，適応行動尺度であり，v評価点は平均15（標準偏差3）である。Aの数字を見ると，IQ69なので知的障害である。適応行動尺度は，9～11なので平均以下である。したがって，①と②では①が適切であり②が誤りである。授業についていけないが，知能に遅れがなければ学習障害の可能性が高い。したがって，③は誤りである。家のマンツーマン指導であればできるのであるが，学校は一斉指導なので授業についていけないのである。したがって，学校の教授法の問題があるわけではないので，④は誤りである。

選択肢の検討

① ○
② ×　適応行動の評価点は平均以下である。
③ ×　知能に遅れがあるので学習障害とは言えない。
④ ×　学校の教授法に問題があるとは言えない。

解　答　①

【辰已法律研究所の出口調査に基づく正答率と肢別解答率データです】

参考 / 1703 人肢別解答率 Data% by 辰已法律研究所				正答率 45.1%
肢1	肢2	肢3	肢4	
45.1%	43.4%	9.6%	1.7%	

着眼点

本事例問題の選択肢を選んだ割合は，①45.1%，②43.4%と二分されるが，田中ビネー知能検査と Vineland-Ⅱ（適応行動尺度）の結果の解釈ができるか否かによって，正誤が決まる問題である。

2020－75

問 75　70 歳の女性Ａ。Ａは最近，昼間の眠気が強くなったと訴える。夜間の睡眠は０時から６時頃までで変化はなく，毎日朝夕２回 30 分程度の散歩をしている。高血圧のため３年前から服薬しているが，血圧は安定しており，健診でもその他に問題はないと言われている。最近，就床すると，足に虫が這うように感じて眠れないことがある。昼間の眠気はあるが，何かをしていれば紛れる。週３回の編み物教室は楽しくて眠気はない。食欲はあり，塩分摂取に気をつけている。

Ａへの睡眠衛生指導上の助言として，適切なものを2つ選べ。

① 散歩は，睡眠に良い効果があるので続けてください。
② 睡眠時間が足りないので早く床に就くようにしてください。
③ 昼間に何かをして眠気が紛れるのであれば心配はいりません。
④ 深く眠るために熱いお風呂に入ってすぐ寝るようにしてください。
⑤ 足の不快感のために眠れないことについては，医師に相談してください。

2020−75　睡眠衛生指導

問75　70歳の女性A。Aは最近，昼間の眠気が強くなったと訴える。夜間の睡眠は0時から6時頃までで変化はなく，毎日朝夕2回30分程度の散歩をしている。高血圧のため3年前から服薬しているが，血圧は安定しており，健診でもその他に問題はないと言われている。最近，就床すると，足に虫が這うように感じて眠れないことがある。昼間の眠気はあるが，何かをしていれば紛れる。週3回の編み物教室は楽しくて眠気はない。食欲はあり，塩分摂取に気をつけている。

Aへの睡眠衛生指導上の助言として，適切なものを2つ選べ。

① 散歩は，睡眠に良い効果があるので続けてください。
② 睡眠時間が足りないので早く床に就くようにしてください。
③ 昼間に何かをして眠気が紛れるのであれば心配はいりません。
④ 深く眠るために熱いお風呂に入ってすぐ寝るようにしてください。
⑤ 足の不快感のために眠れないことについては，医師に相談してください。

まず，選択肢を眺めると，すべて睡眠に関係したことである。

事例を読むと，昼間の眠気が強くなったこと，足に虫が這うように感じて眠れないことがあることが問題点である。睡眠に関しては，2019問64の類似した問題が思い出される。高齢者の睡眠については，「眠気がないのに寝床に入るのは，寝つきが悪くなるし，中途覚醒が増えてしまう」「眠気が出たら床につき，朝方に目が覚めて二度寝ができないようであれば，床から出て朝の時間を何かに使ったほうがいい」というのが基本的な考え方である。したがって，②④は適切でない。

睡眠前に軽い運動を行ったり，ストレッチしたりして，筋肉を疲れさせることは効果的であり，散歩も良い効果があるので，①は適切である。昼間に何かをして眠気が紛れたとしても，基礎疾患がある場合にはその治療とライフスタイルの改善が必要なので，③は適切でない。

交感神経は身体を動かすとき，副交感神経は身体を休めるときに働くので，副交感神経が優位に働くようにする必要がある。そのためには，熱いお風呂ではなく少しぬるめのお湯につかるほうがいいので，④は適切ではない。

足の不快感のために眠れないことについては，むずむず脚症候群（下肢静止不能症候群）が考えられ，医師の診察が必要なので，⑤は適切である。

出典：厚生労働省　e−ヘルスネット　快眠と生活習慣
https://www.e-healthnet.mhlw.go.jp/information/heart/k-01-004.html

選択肢の検討

① ○
② ×　眠気が出たら床につくのが良い。
③ ×　基礎疾患の治療やライフスタイルの改善は必要である。
④ ×　少しぬるめのお湯につかるほうが良い。
⑤ ○

解　答　①，⑤

【辰巳法律研究所の出口調査に基づく正答率と肢別解答率データです】

参考 / 1703 人肢別解答率 Data% by 辰巳法律研究所									正答率 92.6%
No.83（解答欄）					No.84（解答欄）				
肢1	肢2	肢3	肢4	肢5	肢1	肢2	肢3	肢4	肢5
94.5%	1.9%	2.6%	0.1%	0.6%	0.4%	0.4%	1.4%	1.0%	96.7%

着眼点

過去問を思い出せるかがポイントである。

レストレスレッグス症候群（むずむず症候群）は，夕方から深夜にかけて，下肢を中心として，「ムズムズする」「痛がゆい」「じっとしていると非常に不快」といった異常な感覚が出現してくる病気である。足を動かすとこの異常感覚はすぐに消えるが，じっとしていると再び出現してくる。布団の中でじっとしていることができず，眠くても眠りにつくことができない。何とか寝付けたとしても，睡眠が浅く，十分に眠れない。また，足が周期的にピクッピクッと勝手に動き続けることが多く（周期性四肢運動障害），これも睡眠を浅くする。このため，不眠だけでなく，日中の過眠も出現する。鉄欠乏性貧血や，腎不全による人工透析を受けている人に多いことが知られている。睡眠薬は無効で，パーキンソン病に使う薬が有効である。専門の医療機関で，検査・治療を受ける必要がある。

出典：厚生労働省　e-ヘルスネット　レストレスレッグス症候群/むずむず脚症候群 https://www.e-healthnet.mhlw.go.jp/information/dictionary/heart/ yk-068.html

2020－137

問 137　30 歳の男性Ａ，会社員。独身で一人暮らしである。Ａは，職場での不適応感を訴えて精神科を受診した。幼少期から心配性と言われてきたが，ここ半年ほどでその傾向が一層強まってきた。仕事で失敗したり，失業したりするのではないか，重大な病気にかかっているのではないかなど気になって仕方がない。自分でも心配しすぎだと分かってはいるが，いらいらし，仕事にも集中できず，疲労がつのる。寝つきも悪く，しばしば早朝に覚醒してしまうこともある。

医師からＡの状態をアセスメントするよう依頼された公認心理師が，Ａに実施するテストバッテリーに含めるものとして，最も適切なものを１つ選べ。

① AQ-J
② CAPS
③ GAD-7
④ LSAS-J
⑤ Y-BOCS

2020−137　テストバッテリー

問 137　30 歳の男性A，会社員。独身で一人暮らしである。Aは，職場での不適応感を訴えて精神科を受診した。幼少期から心配性と言われてきたが，ここ半年ほどでその傾向が一層強まってきた。仕事で失敗したり，失業したりするのではないか，重大な病気にかかっているのではないかなど気になって仕方がない。自分でも心配しすぎだと分かってはいるが，いらいらし，仕事にも集中できず，疲労がつのる。寝つきも悪く，しばしば早朝に覚醒してしまうこともある。

医師からAの状態をアセスメントするよう依頼された公認心理師が，Aに実施するテストバッテリーに含めるものとして，最も適切なものを１つ選べ。

① AQ-J
② CAPS
③ GAD-7
④ LSAS-J
⑤ Y-BOCS

まず，選択肢を眺めると，すべて検査名である。①AQ-J は Autism Spectrum Quotient であり，アスペルガー障害を調べるものである。②CAPS は Clinician-Administered PTSD Scale であり，PTSD を調べるものである。③GAD-7 は Generalized Anxiety Disorder-7 であり，全般性不安障害を調べるものである。④LSAS-J は，Liebowitz Social Anxiety Scale であり，社交不安障害を調べるものである。⑤Y-BOCS は Yale-Brown Obsessive-Compulsive Scale である，強迫性障害を調べるものである。

事例を読むと，過剰な不安と心配はもとより，「いらいらし，仕事にも集中できず，疲労がつのる。寝つきも悪く，しばしば早朝に覚醒してしまう」は，全般性不安障害の症状に当てはまることが分かる（DSM-Ⅳ-TR を参照）。したがって，③が適切である。

選択肢の検討

① × アスペルガー障害を調べるものである。
② × PTSD（心的外傷後ストレス障害）を調べるものである。
③ ○
④ × 社交不安障害を調べるものである。
⑤ × 強迫性障害を調べるものである。

解　答　③

【辰已法律研究所の出口調査に基づく正答率と肢別解答率データです】

参考 / 1703 人肢別解答率 Data% by 辰已法律研究所				正答率 13.0%
肢1	肢2	肢3	肢4	肢5
4.3%	8.6%	13.0%	48.4%	25.5%

着眼点

本事例問題の選択肢を選んだ割合は，③13.0%，④48.4%，⑤25.5%と三分されるが，意外にも正解の③が３つの中では一番少ない割合である。④の社交不安障害とした割合が多かったが，全般性不安障害との違いを理解しておく必要がある。

市販の検査は覚えるしかない。その際，検査の目的，適用年齢，何点からそれが疑われるかなどを頭に入れておく必要がある。検査名が思い出せなくても，①AQからAutism，②PSからPTSD，③ADからAnxiety，④SAからSocial Anxiety，⑤OCからObsessive-Compulsiveをイメージできれば，検査名を思い出せる可能性がある。なお，問73でもAQ-JとY-BOCSが使われている。

2020－138

問 138　37 歳の男性Ａ，会社員。Ａは，大学卒業後，製造業に就職し，約 10 年従事したエンジニア部門から１年前に管理部門に異動となった。元来，完璧主義で，慣れない仕事への戸惑いを抱えながら仕事を始めた。しかし，８か月前から次第に仕事がたまるようになり，倦怠感が強まり，欠勤も増えた。その後，６か月前に抑うつ気分と気力の低下を主訴に精神科を受診し，うつ病と診断された。そして，抗うつ薬による薬物療法の開始と同時に休職となった。しかし，主治医による外来治療を６か月間受けたが，抑うつ症状が遷延している。院内の公認心理師に，主治医からＡの心理的支援が依頼された。

このときのＡへの対応として，最も優先されるべきものを１つ選べ。

① 散歩を勧める。
② HAM-D を行う。
③ うつ病の心理教育を行う。
④ 認知行動療法の導入を提案する。
⑤ 発症要因と症状持続要因の評価を行う。

2020−138　うつ病への対応

問138　37歳の男性A，会社員。Aは，大学卒業後，製造業に就職し，約10年従事したエンジニア部門から1年前に管理部門に異動となった。元来，完璧主義で，慣れない仕事への戸惑いを抱えながら仕事を始めた。しかし，8か月前から次第に仕事がたまるようになり，倦怠感が強まり，欠勤も増えた。その後，6か月前に抑うつ気分と気力の低下を主訴に精神科を受診し，うつ病と診断された。そして，抗うつ薬による薬物療法の開始と同時に休職となった。しかし，主治医による外来治療を6か月間受けたが，抑うつ症状が遷延している。院内の公認心理師に，主治医からAの心理的支援が依頼された。

このときのAへの対応として，最も優先されるべきものを1つ選べ。

① 散歩を勧める。
② HAM-Dを行う。
③ うつ病の心理教育を行う。
④ 認知行動療法の導入を提案する。
⑤ 発症要因と症状持続要因の評価を行う。

まず，選択肢を眺めると，アセスメント（②⑤），心理教育や心理療法（③④），その他（①）に分けられる。原則は，心理面に働きかける前にアセスメントを行うことである。そこで，②と⑤を比較してみる。②はハミルトンうつ病評価尺度（Hamilton Depression Scale）であり，正常かうつ病（軽症・中等症・重症・最重症）かを診断するものである。Aは主治医からうつ病と診断されているので，重症度は分かるが最優先されるものではない。Aは外来治療を6か月間受けたが，抑うつ症状が遷延していて良くなっていない。そこを主治医は問題にしていて，その原因（要因）の査定を公認心理師に求めてきたのだと思われる。したがって，うつ病の発症要因と症状持続要因の評価を行う必要があり，⑤が最優先されるものである。

選択肢の検討

① × 散歩で治るようなものではない。
② × 重症度は分かるが，最優先されるものではない。
③ × 心理教育を行う前にアセスメントが必要である。
④ × 心理療法を導入する前にアセスメントが必要である。
⑤ ○

解　答　⑤

【辰已法律研究所の出口調査に基づく正答率と肢別解答率データです】

参考 / 1703 人肢別解答率 Data% by 辰已法律研究所				正答率 61.4%
肢 1	肢 2	肢 3	肢 4	肢 5
0.1%	8.6%	1.7%	28.0%	61.4%

着 眼 点

「アセスメント→心理治療」という原則を忘れてはならない。HAM-D は，17 項目，3～5 点をつけ，以下のように評価する。なお，2019 問 151 の選択肢の 1 つに「HAM-D を実施する」がある。

【HAM-D】

0 点～ 7 点	正 常
8 点～13 点	軽 症
14 点～18 点	中等度
19 点～22 点	重 症
23 点以上	最重症

2020－140

問 140　75 歳の男性Ａ。Ａの物忘れを心配した妻の勧めで，Ａは医療機関を受診し，公認心理師Ｂがインテーク面接を担当した。Ｂから「今日は何日ですか」と聞かれると，「この年になったら日にちなんか気にしないからね」とＡは答えた。さらに，Ｂから「物忘れはしますか」と聞かれると，「多少しますが，別に困っていません。メモをしますから大丈夫です」とＡは答えた。

Ａに認められる症状として，最も適切なものを１つ選べ。

① 抑うつ状態
② 取り繕い反応
③ 半側空間無視
④ 振り返り徴候
⑤ ものとられ妄想

2020－140　物忘れ

問140　75歳の男性Ａ。Ａの物忘れを心配した妻の勧めで，Ａは医療機関を受診し，公認心理師Ｂがインテーク面接を担当した。Ｂから「今日は何日ですか」と聞かれると，「この年になったら日にちなんか気にしないからね」とＡは答えた。さらに，Ｂから「物忘れはしますか」と聞かれると，「多少しますが，別に困っていません。メモをしますから大丈夫です」とＡは答えた。

Ａに認められる症状として，最も適切なものを１つ選べ。

① 抑うつ状態
② 取り繕い反応
③ 半側空間無視
④ 振り返り徴候
⑤ ものとられ妄想

まず，選択肢を眺めると，すべて状態を表していることが分かる。しかし，②③④については，あまり見たことがないが，言葉の意味を想像することは可能である。①抑うつ状態は見られないので，①は適切でない。⑤ものとられ妄想は，認知症の人が自分のお金などを家族や他人に盗られたと根拠なく思いこむことであり，そのような様子は見られないので，⑤は適切でない。③半側空間無視の半側は大脳半球のことで，病巣と反対側に加えられる刺激に反応できなくなる病態であり，そのような記述はないので，③は適切でない。

残った②④は，質問されたときの反応や徴候と考えられ，②取り繕い反応は，質問されたときに，問題がないかのように取り繕うことであろう。たとえば，「今日は何日ですか」と聞かれると，忘れているのに「この年になったら日にちなんか気にしないからね」と答える。Ａにはそのような答え方が多く見られるので，②が適切である。④振り返り徴候は，質問に答えるときに，自信がないため家族の方を振り返って確認を求める，家族に答えを促すなどを行うことである。そのような様子は見られないので，④は適切ではない。

選択肢の検討

① ×　抑うつ状態は見られない。
② ○
③ ×　半側空間無視の記述はない。
④ ×　振り返り徴候は見られない。
⑤ ×　ものとられ妄想は見られない。

解　答　②

【辰已法律研究所の出口調査に基づく正答率と肢別解答率データです】

参考 / 1703 人肢別解答率 Data% by 辰已法律研究所				正答率 98.8%
肢1	肢2	肢3	肢4	肢5
0.1%	98.8%	0.3%	0.8%	0.0%

着眼点

見たことがない用語でも，言葉の意味を想像できるかがポイントである。取り繕い反応は，アルツハイマー病に特徴的な病状で，社会生活上さまざまな面で破綻をきたしているのに，問題がないかのように「いや，普通にやっている」「別にそんなに困っていない」などと自身の能力低下を取り繕うことである。

2020－142

問142　55歳の男性A，会社員。Aの妻Bが，心理相談室を開設している公認心理師Cに相談した。Aは，元来真面目な性格で，これまで常識的に行動していたが，２，３か月前から身だしなみに気を遣わなくなり，部下や同僚の持ち物を勝手に持ち去り，苦情を受けても素知らぬ顔をするなどの行動が目立つようになった。先日，Aはデパートで必要とは思われない商品を次々とポケットに入れ，支払いをせずに店を出て，窃盗の容疑により逮捕された。現在は在宅のまま取調べを受けている。Bは，逮捕されたことを全く意に介していない様子のAについて，どのように理解し，対応したらよいかをCに尋ねた。

CのBへの対応として，最も優先度が高いものを１つ選べ。

①　Aの抑圧されていた衝動に対する理解を求める。

②　Aの器質的疾患を疑い，医療機関の受診を勧める。

③　Aに内省的構えを持たせるため，カウンセリングを受けるよう勧める。

④　Aに再犯リスクアセスメントを実施した後，対応策を考えたいと提案する。

⑤　Aの会社や家庭におけるストレスを明らかにし，それを低減させるよう助言する。

2020−142　認知症

問142　55歳の男性A，会社員。Aの妻Bが，心理相談室を開設している公認心理師Cに相談した。Aは，元来真面目な性格で，これまで常識的に行動していたが，2，3か月前から身だしなみに気を遣わなくなり，部下や同僚の持ち物を勝手に持ち去り，苦情を受けても素知らぬ顔をするなどの行動が目立つようになった。先日，Aはデパートで必要とは思われない商品を次々とポケットに入れ，支払いをせずに店を出て，窃盗の容疑により逮捕された。現在は在宅のまま取調べを受けている。Bは，逮捕されたことを全く意に介していない様子のAについて，どのように理解し，対応したらよいかをCに尋ねた。

CのBへの対応として，最も優先度が高いものを1つ選べ。

① Aの抑圧されていた衝動に対する理解を求める。
② Aの器質的疾患を疑い，医療機関の受診を勧める。
③ Aに内省的構えを持たせるため，カウンセリングを受けるよう勧める。
④ Aに再犯リスクアセスメントを実施した後，対応策を考えたいと提案する。
⑤ Aの会社や家庭におけるストレスを明らかにし，それを低減させるよう助言する。

まず，選択肢を眺めると，Aの行動の原因と思われるものが挙げられている。すなわち，①抑圧されていた衝動，②器質的疾患，③内省的構えの欠如，④再犯危険性，⑤会社や家庭におけるストレス，である。このうち，①③⑤はAの内面の問題と考えているが，そのためにはアセスメントが必要である。したがって，①③⑤は適切な対応ではない。④はアセスメントを実施するが，Aの問題は再犯リスクを調べることではなく，なぜ窃盗をするのかということなので，本質的な問題からからズレているように思われる。したがって，④の優先度は低い。

Aの窃盗は急に始まっており，罪の意識がなく，まるで性格が変わってしまったようである。ストレスなどが原因であれば，心身の不調といった前兆があると思われるが，そのような兆候は見られない。ここはAの器質的疾患を疑って，医療機関の受診を勧めるべきである。したがって，②が最優先の対応である。

選択肢の検討

① ×　アセスメントが必要である。
② ○
③ ×　アセスメントをしてからカウンセリングに入るべきである。
④ ×　再犯リスクのアセスメントより優先することがある。
⑤ ×　アセスメントが必要である。

解　答　②

【辰已法律研究所の出口調査に基づく正答率と肢別解答率データです】

参考 / 1703 人肢別解答率 Data% by 辰已法律研究所				正答率 92.0%
肢1	肢2	肢3	肢4	肢5
0.7%	92.0%	0.6%	5.8%	0.9%

着 眼 点

万引き窃盗からクレプトマニア（窃盗症）を思いつく。これは，精神障害の一種で，窃盗行為という衝動を反復的に実行する症状である。十分な資産を有しているのに数百円の物の窃盗を繰り返したり，窃盗する物自体に大して関心を持たないことも多くある。また，窃盗後は盗んだ物を放置したり，一度も使わずに捨ててしまうこともしばしばある。すなわち，窃盗に及ぶ直前の緊張の高まりや，窃盗に及ぶときの快感，満足，または解放感のために，盗むこと自体が目的になっているのである。

しかし，Aはクレプトマニアではなく，前頭側頭型認知症と思われる。これは，主に前頭葉，側頭葉前方に委縮が見られる認知症で，ピック病もその一つとして分類される。40～60 代と比較的若い世代が発症する「初老期認知症」の代表的疾患であり，本人は全く病識がない。特徴的な症状として，情緒障害，人格障害，自制力低下，異常行動，対人的態度の変化，滞続症状が挙げられる。以上は，Aが示した種々の行動と合致している。

出典：クレプトマニア医学研究所
https://kmri.org/kleptomania.html
健康長寿ネット　ピック病
https://www.tyojyu.or.jp/net/byouki/ninchishou/pic.html

2020－146

問 146　55 歳の男性Ａ，会社員。Ａは，意欲や活気がなくなってきたことから妻Ｂと共に受診した。Ａは４か月前に部長に昇進し張り切って仕事をしていたが，１か月前から次第に夜眠れなくなり，食欲も低下した。仕事に集中できず，部下に対して適切に指示ができなくなった。休日は部屋にこもり，問いかけに何も反応しないことが多くなり，飲酒量が増えた。診察時，問診に対する反応は鈍く，「もうだめです。先のことが見通せません。こんなはずじゃなかった」などと述べた。血液生化学検査に異常所見はみられなかった。診察後，医師から公認心理師Ｃに，Ｂに対して家族教育を行うよう指示があった。

ＣのＢへの説明として，不適切なものを１つ選べ。

① 薬物療法が治療の１つになります。
② 入院治療が必要になる可能性があります。
③ できる限り休息をとらせるようにしてください。
④ 今は落ち着いているので自殺の危険性は低いと思います。
⑤ 気晴らしに何かをさせることは負担になることもあります。

2020−146　心理教育

問146　55歳の男性A，会社員。Aは，意欲や活気がなくなってきたことから妻Bと共に受診した。Aは4か月前に部長に昇進し張り切って仕事をしていたが，1か月前から次第に夜眠れなくなり，食欲も低下した。仕事に集中できず，部下に対して適切に指示ができなくなった。休日は部屋にこもり，問いかけに何も反応しないことが多くなり，飲酒量が増えた。診察時，問診に対する反応は鈍く，「もうだめです。先のことが見通せません。こんなはずじゃなかった」などと述べた。血液生化学検査に異常所見はみられなかった。診察後，医師から公認心理師Cに，Bに対して家族教育を行うよう指示があった。

CのBへの説明として，不適切なものを1つ選べ。

① 薬物療法が治療の1つになります。
② 入院治療が必要になる可能性があります。
③ できる限り休息をとらせるようにしてください。
④ 今は落ち着いているので自殺の危険性は低いと思います。
⑤ 気晴らしに何かをさせることは負担になることもあります。

まず，選択肢を眺めると，家族に必要な知識や情報が書かれている。これは，家族に対する心理教育である。

Aは昇進うつと思われるが，昇進をきっかけに発症するうつ病のことである。したがって，うつ病への対策が必要である。うつ病の治療には薬物療法が欠かせないので，①は適切である。重いうつ病の場合は，入院により薬物療法と精神療法を組み合わせることで回復する期待が持てるので，②は適切である。うつ病治療の四本柱の一つが休息である。十分な休息をとって心と体を休ませることは，うつ病治療の第一歩なので，③は適切である。落ち着いているように見えても，抑うつ症状で絶望感が強いときは，自殺の危険性が高まる。Aは「もうだめです。先のことが見通せません」と言って絶望感が強いので，④は不適切である。負担になることがあるので，新しいことに手を出すことは控える方が良く，⑤は適切である。

選択肢の検討

① ×　適切。薬物療法は欠かせない。
② ×　適切。入院が必要な場合がある。
③ ×　適切。十分な休息はうつ病治療の第一歩である。
④ ○　不適切。
⑤ ×　適切。新しいことに手を出すことは控えた方が良い。

解　答　④

【辰巳法律研究所の出口調査に基づく正答率と肢別解答率データです】

参考 / 1703 人肢別解答率 Data% by 辰巳法律研究所				正答率 96.2%
肢1	肢2	肢3	肢4	肢5
1.4%	1.4%	0.5%	96.2%	0.5%

着眼点

昇進うつ（出世うつ）の事例である。うつ病になりやすい人の特徴は，「まじめ」「責任感が強い」「義務感が強い」といったことが挙げられる。そこで，昇進うつを回避するためには，「他人に頼る」「他人に過剰に気を遣わない」ということが大切で，具体的には「自分の上司を頼る」「任せるべきことは部下に任せる」「信頼できる人に仕事のことについて話す」といった行動を意識することである。

2　福祉

2020－76

問 76　5歳の男児A。Aは，実父からの身体的虐待が理由で，1か月前に児童養護施設に入所した。Aは，担当スタッフの勧めで同施設内に勤務する公認心理師Bの面談に訪れた。担当スタッフによると，Aは，入所時から衝動性・攻撃性ともに高かった。施設内では，コップの水を他児Cにかけたり，他児Dを椅子で殴ろうとしたりするなど，Aの暴力が問題となっていた。また寝つきが悪く，食欲にむらが見られた。Bとの面談でAは暴力の理由を「いつも僕が使っているコップをCが勝手に使ったから」「Dが僕の手首を急に掴んだから」と語った。また，「夜眠れない」と訴えた。

　Bが初期に行う支援として，適切なものを2つ選べ。

① 遊戯療法を速やかに導入し，Aに心的外傷体験への直面化を促す。

② 受容的態度でAの暴力を受け入れるよう，担当スタッフに助言する。

③ コップ等の食器は共用であるというルールを指導するよう，担当スタッフに助言する。

④ Aの様子を観察し，Aが安心して眠れる方法を工夫するよう，担当スタッフに助言する。

⑤ 衝動性や攻撃性が高まる契機となる刺激ができるだけ生じないように，担当スタッフと生活環境の調整を検討する。

2020－76　虐待への対応

問76　5歳の男児A。Aは，実父からの身体的虐待が理由で，1か月前に児童養護施設に入所した。Aは，担当スタッフの勧めで同施設内に勤務する公認心理師Bの面談に訪れた。担当スタッフによると，Aは，入所時から衝動性・攻撃性ともに高かった。施設内では，コップの水を他児Cにかけたり，他児Dを椅子で殴ろうとしたりするなど，Aの暴力が問題となっていた。また寝つきが悪く，食欲にむらが見られた。Bとの面談でAは暴力の理由を「いつも僕が使っているコップをCが勝手に使ったから」「Dが僕の手首を急に掴んだから」と語った。また，「夜眠れない」と訴えた。

Bが初期に行う支援として，適切なものを2つ選べ。

①　遊戯療法を速やかに導入し，Aに心的外傷体験への直面化を促す。
②　受容的態度でAの暴力を受け入れるよう，担当スタッフに助言する。
③　コップ等の食器は共用であるというルールを指導するよう，担当スタッフに助言する。
④　Aの様子を観察し，Aが安心して眠れる方法を工夫するよう，担当スタッフに助言する。
⑤　衝動性や攻撃性が高まる契機となる刺激ができるだけ生じないように，担当スタッフと生活環境の調整を検討する。

まず，選択肢を眺めると，①心的外傷体験の直面化，②暴力の受け入れ，③ルールの指導，④安心して眠れる方法の工夫，⑤生活環境の調整，と簡素化できる。

次に，事例を読むと，身体的虐待を受けたAの衝動性・攻撃性と不眠という2つの問題があることが分かる。衝動性・攻撃性に関しては，暴力を受け入れる態度は受容的とは言えないし，そうすることで暴力を助長することになる。したがって，②は適切でない。5歳の年齢を考えると，食器が共用であるというルールを指導するより，コップだけでも個人用にするといった生活環境の調整が望ましいと思われる。したがって，③は適切でなく，⑤は適切である。不眠に関しては，Aが安心して眠れる方法を工夫する必要がある。したがって，④は適切である。なお，5歳の子どもに心的外傷体験の直面化は，つらかったことを思い出させるだけで，かえって混乱させることになる。したがって，①は適切でない。

選択肢の検討

① ×　心的外傷体験の直面化は，かえって混乱させるだけである。
② ×　暴力を受け入れることで，暴力を助長することになる。
③ ×　５歳の子どもに共用を理解させるのは難しい。
④ ○
⑤ ○

解　答　④，⑤

【辰已法律研究所の出口調査に基づく正答率と肢別解答率データです】

参考 / 1703 人肢別解答率 Data% by 辰已法律研究所								正答率 86.5%	
№85（解答欄）					№86（解答欄）				
肢1	肢2	肢3	肢4	肢5	肢1	肢2	肢3	肢4	肢5
2.6%	1.5%	9.0%	86.3%	0.5%	0.0%	0.0%	0.3%	6.8%	92.6%

着眼点

施設における虐待への対応は，まず，生活環境の調整を行ってから心理療法を試みるべきである。また，被虐待児が示す試し行動に振り回されず冷静に対処することである。

2020－136

問 136　1歳の女児A。Aは離婚した母親Bと共に，Bの実家で祖父母や叔母と住んでいる。実家の敷地内には，伯父夫婦やいとこが住んでいる家もある。昼過ぎから深夜にかけて仕事に出ているBに代わり，祖父母や叔母がときどき農作業の手を休めて，Aの世話をしている。いとこたちが学校や幼稚園から帰宅すると，Aは年長のいとこに見守られ，ときには抱っこされながら，夕食までの時間を過ごしている。

Aに対する養育の解釈として，最も適切なものを1つ選べ。

① クーイング
② コーチング
③ マザリーズ
④ ミラーリング
⑤ アロマザリング

2020−136　育　児

問136　1歳の女児A。Aは離婚した母親Bと共に，Bの実家で祖父母や叔母と住んでいる。実家の敷地内には，伯父夫婦やいとこが住んでいる家もある。昼過ぎから深夜にかけて仕事に出ているBに代わり，祖父母や叔母がときどき農作業の手を休めて，Aの世話をしている。いとこたちが学校や幼稚園から帰宅すると，Aは年長のいとこに見守られ，ときには抱っこされながら，夕食までの時間を過ごしている。

　Aに対する養育の解釈として，最も適切なものを１つ選べ。

①　クーイング
②　コーチング
③　マザリーズ
④　ミラーリング
⑤　アロマザリング

まず，選択肢を眺めると，すべて英語のカタカナ書きである。

事例を読むと，母親Bの代わりに祖父母や叔母，いとこたちがAの世話をしていることが分かる。それに合う英語を見つければ良い。①クーイング（cooing）は赤ちゃんの発声である。②コーチング（coaching）は，運動・勉強・技術などの指導をして，ゴールを達成する助けとなることである。③マザリーズ（motherlies）は，乳幼児向けの話し方のことである。④ミラーリング（mirroring）は，相手の言動やしぐさなどをミラー（鏡）のようにマネることである。⑤アロマザリング（allomothering）は，母親以外の人が子育てに積極的に関わることである。したがって，⑤が適切である。

選択肢の検討

① ×　赤ちゃんの発声である。
② ×　運動・勉強・技術などの指導をすることである。
③ ×　乳幼児向けの話し方のことである。
④ ×　相手の言動やしぐさなどを鏡のようにマネることである。
⑤ ○

解　答　⑤

【辰巳法律研究所の出口調査に基づく正答率と肢別解答率データです】

参考 / 1703 人肢別解答率 Data% by 辰巳法律研究所				正答率 24.8%
肢1	肢2	肢3	肢4	肢5
0.9%	1.7%	66.8%	5.8%	24.8%

着眼点

本事例問題の選択肢を選んだ割合は，③66.8%，⑤24.8%と二分される。ほとんど英語の問題であり，mothering（母性愛に基づいて，抱く，あやす，話しかけるなどの愛撫や世話を子どもにすること）から，それに似たマザリーズかアロマザリングを選んだものと思われる。おそらく出題者の意図とは違って，難しい問題になってしまったのであろう。

2020－139

問 139　87 歳の女性A。Aは，軽度の Alzheimer 型認知症であり，日常生活において全面的に介助が必要である。特別養護老人ホームのショートステイ利用中に，介護士Bから虐待を受けているとの通報が，同僚から上司に寄せられた。施設の担当者がAに確認したところ，Bに太ももを平手で叩かれながら乱暴にオムツを替えられ，荒々しい言葉をかけられたとのことであった。Aは，夫と死別後，息子夫婦と同居したが，家族とは別の小屋のような建物で一人離れて生活させられていた。食事は，家族が気が向いたときに残り物を食べさせられ，食べ残すと強く叱られたことも，今回の調査で判明した。

Aが B と家族の双方から受けている共通の虐待として，最も適切なものを１つ選べ。

① 性的虐待
② 経済的虐待
③ 身体的虐待
④ 心理的虐待
⑤ ネグレクト

2020−139　高齢者虐待

問 139　87 歳の女性Ａ。Ａは，軽度の Alzheimer 型認知症であり，日常生活において全面的に介助が必要である。特別養護老人ホームのショートステイ利用中に，介護士Ｂから虐待を受けているとの通報が，同僚から上司に寄せられた。施設の担当者がＡに確認したところ，Ｂに太ももを平手で叩かれながら乱暴にオムツを替えられ，荒々しい言葉をかけられたとのことであった。Ａは，夫と死別後，息子夫婦と同居したが，家族とは別の小屋のような建物で一人離れて生活させられていた。食事は，家族が気が向いたときに残り物を食べさせられ，食べ残すと強く叱られたことも，今回の調査で判明した。

ＡがＢと家族の双方から受けている共通の虐待として，最も適切なものを１つ選べ。

① 性的虐待
② 経済的虐待
③ 身体的虐待
④ 心理的虐待
⑤ ネグレクト

まず，選択肢を眺めると，すべて虐待の種類であることが分かる。Ａが介護士Ｂから受けている虐待は，「太ももを平手で叩かれながら乱暴にオムツを替えられ」が身体的虐待，「荒々しい言葉をかけられた」が心理的虐待である。また，Ａが家族から受けている虐待は，「家族が気が向いたときに残り物を食べさせられ」がネグレクト，「食べ残すと強く叱られた」が心理的虐待である。したがって，双方から受けている共通の虐待は心理的虐待であり，④が適切なものである。

選択肢の検討

① ×　性的虐待は見られない。
② ×　経済的虐待は見られない，
③ ×　Ｂから受けているが，家族からは受けていない。
④ ○
⑤ ×　Ｂから受けていないが，家族から受けている。

解　答　④

【辰巳法律研究所の出口調査に基づく正答率と肢別解答率データです】

参考 / 1703 人肢別解答率 Data% by 辰巳法律研究所				正答率 83.4%
肢1	肢2	肢3	肢4	肢5
0.1%	0.1%	14.6%	83.4%	1.8%

着眼点

比較的易しい問題である。高齢者虐待が児童虐待と共通している種類は，①性的虐待，③身体的虐待，④心理的虐待，⑤ネグレクトである。したがって，高齢者虐待に特有なものは②経済的虐待である。これは，本人の合意なしに財産や金銭を使用し，本人が希望する金銭の使用を理由なく制限することである。

3 教育

2020－60

問 60　15 歳の女子Ａ，中学３年生。Ａが人の目が怖くて教室に入れないということで，学校からの勧めもあり，公認心理師Ｂがいる市の相談センターに母親Ｃから相談申込みの電話があった。Ｃの話によると，学校ではいじめなどの大きな問題はないが，１か月前から不登校状態が続いているという。母子並行面接ということで受理し，面接を行うことになった。インテーク面接当日，Ａは，担当であるＢとの面接が始まる際に，Ｃとの分離に不安を示した。インテーク面接の最中も，Ａの緊張は高く，なかなか自分の状態について語ることができなかった。

Ｂが行うインテーク面接とその後の初期対応として，最も適切なものを１つ選べ。

①　ＡとＣとの関係性が面接に影響するため，母子同室面接は行わない。

②　Ａが未成年であるため，Ａの在籍校にはＡが来所したことを報告する。

③　人の目が怖い理由や原因についてＡに尋ね，まずはそれを意識化させる。

④　面接に期待していることをＡに尋ね，Ｂが最善の努力をすることを伝える。

⑤　言語面接が可能である場合，身体に作用するリラクセーション技法は用いない。

2020−60　インテーク面接

問60　15歳の女子A，中学3年生。Aが人の目が怖くて教室に入れないということで，学校からの勧めもあり，公認心理師Bがいる市の相談センターに母親Cから相談申込みの電話があった。Cの話によると，学校ではいじめなどの大きな問題はないが，1か月前から不登校状態が続いているという。母子並行面接ということで受理し，面接を行うことになった。インテーク面接当日，Aは，担当であるBとの面接が始まる際に，Cとの分離に不安を示した。インテーク面接の最中も，Aの緊張は高く，なかなか自分の状態について語ることができなかった。

Bが行うインテーク面接とその後の初期対応として，最も適切なものを1つ選べ。

① AとCとの関係性が面接に影響するため，母子同室面接は行わない。
② Aが未成年であるため，Aの在籍校にはAが来所したことを報告する。
③ 人の目が怖い理由や原因についてAに尋ね，まずはそれを意識化させる。
④ 面接に期待していることをAに尋ね，Bが最善の努力をすることを伝える。
⑤ 言語面接が可能である場合，身体に作用するリラクセーション技法は用いない。

まず，選択肢を眺めると，面接技法（①⑤），インテーク面接で何を尋ねるか（③④），インテーク面接後の対応（②）が述べられていることがわかる。次に，事例を読むと，母子並行面接で受理したが，母親との分離不安を示したと書かれている。ここで，並行面接とは親と子どもの両者それぞれに担当のカウンセラーを付け，同時並行的に心理面接を行うことである。

原則は母子並行面接であるが，分離不安を示した場合，無理に引き離してもAのように緊張が高く，なかなか自分の状態について語ることができないので，母子同室面接を行うことも有効である。したがって，①は誤りである。また，緊張が高いときは，リラックスさせるための方法をとることも有効なので，⑤も誤りである。

Aは学校の勧めもあり相談センターに来所したが，来所したことを学校に伝える場合は，Aの了解を得る必要がる。したがって，Aが未成年であるという理由で在籍校に報告するという②は誤りである。

残った③と④を比べると，インテーク面接であり，しかもクライエントが緊張状態にあるということを考え，初回の面接では核心的な問題に迫るより，クライエントが安心して話ができる許容的な雰囲気を作ることがたいせつである。したがって，③は誤りであり，④が正しい。

選択肢の検討

① ×　状況によっては，母子同室面接が必要である。
② ×　Aが未成年であっても，Aの了解が必要である。
③ ×　自分の状態について語ることができないのに核心的な問題に迫っても，よけいに緊張させるだけである。
④ ○
⑤ ×　言語面接が難しい状況なので，リラックスさせる必要がある。

解　答　④

【辰巳法律研究所の出口調査に基づく正答率と肢別解答率データです】

参考 / 1703 人肢別解答率 Data% by 辰巳法律研究所				正答率 74.0%
肢1	肢2	肢3	肢4	肢5
9.0%	6.6%	9.1%	74.0%	1.3%

着 眼 点

インテーク面接（初回）は，今後のカウンセリングを持続させることができるか否かを左右する重要なものである。したがって，カウンセラーはクライエントに対して受容的に接し，安心できる雰囲気で包む必要がある。

2020−66

問 66　13 歳の男子Ａ，中学１年生。Ａの学校でのテストの成績は中程度よりもやや上に位置している。試験に対しては出題される範囲をあらかじめ学習し，試験に臨む姿もよくみられる。しかし，その試験を乗り切ることだけを考え，試験が終わると全てを忘れてしまう質の低い学習をしているように見受けられる。勉強に対しても，ただ苦痛で面白くないと述べる場面が目につき，学習した内容が知識として定着していない様子も観察される。

現在のＡの状況の説明として，最も適切なものを１つ選べ。

① リテラシーが不足している。
② メタ記憶が十分に発達していない。
③ 深化学習や発展学習が不足している。
④ 機械的暗記や反復練習が不足している。
⑤ 具体的操作期から形式的操作期へ移行できていない。

2020−66　知識の定着

問66　13歳の男子A，中学1年生。Aの学校でのテストの成績は中程度よりもやや上に位置している。試験に対しては出題される範囲をあらかじめ学習し，試験に臨む姿もよくみられる。しかし，その試験を乗り切ることだけを考え，試験が終わると全てを忘れてしまう質の低い学習をしているように見受けられる。勉強に対しても，ただ苦痛で面白くないと述べる場面が目につき，学習した内容が知識として定着していない様子も観察される。

現在のAの状況の説明として，最も適切なものを1つ選べ。

① リテラシーが不足している。
② メタ記憶が十分に発達していない。
③ 深化学習や発展学習が不足している。
④ 機械的暗記や反復練習が不足している。
⑤ 具体的操作期から形式的操作期へ移行できていない。

まず，選択肢を眺めると，①リテラシー，②メタ記憶，③深化学習・発展学修，④機械的暗記・反復練習，⑤具体的操作期・形式的操作期というように，各選択肢にはポイントとなる用語がある。ただし，用語の意味を詳しく知らなくても，正解を導きやすい事例問題である。

①のリテラシーは，読み書き能力という意味であったが，特定の分野の知識を指すようになっている。Aは試験の出題範囲をあらかじめ学習しているので，リテラシーが不足しているとは言えない。したがって，①は誤りである。②のメタ記憶は，自分が何かを覚えなければならない状況にいるという認識を持つといったことなので，それが十分に発達していないとは言えない。したがって，②は誤りである。Aは，その試験を乗り切ることだけを考え，試験が終わると全てを忘れてしまうということなので，④の機械的暗記や反復練習を十分にしていると思われる。したがって，④は誤りである。⑤の具体的操作期，形式的操作期は，ピアジェの認識の発達段階なので，Aとは直接の関連がみられない。したがって，⑤は誤りである。Aが学習した内容が知識として定着しないのは，機械的暗記をしているだけで，それを深めたり，発展させたりしていないからと思われる。発展学習とは，子どもがそれまでに身に付けて

きた基礎的・基本的な内容を基にして，より広げたり深めたり進めたりする学習のことである。したがって，③が正しい。

選択肢の検討

①　×　リテラシーは不足していない。
②　×　メタ記憶は発達している。
③　○
④　×　機械的記憶や反復練習はしていると思われる。
⑤　×　ピアジェの認識の発達段階と直接の関連はみられない。

解　答　③

【辰巳法律研究所の出口調査に基づく正答率と肢別解答率データです】

参考 / 1703 人肢別解答率 Data% by 辰巳法律研究所				正答率 78.6%
肢1	肢2	肢3	肢4	肢5
11.7%	6.2%	78.6%	1.1%	2.4%

着眼点

選択肢のリテラシー，メタ記憶の意味が少し分かりにくいが，それでも正解を導き出しやすい比較的易しい問題である。

2020−71

問 71　22 歳の男性Ａ，大学４年生。Ａは 12 月頃，就職活動も卒業研究もうまくいっていないという主訴で学生相談室に来室した。面接では，気分が沈んでいる様子で，ポツリポツリと言葉を絞り出すような話し方であった。「就職活動がうまくいかず，この時期になっても１つも内定が取れていない。卒業研究も手につかず，もうどうしようもない」と思い詰めた表情で語っていた。指導教員からも，日々の様子からとても心配しているという連絡があった。

Ａの自殺のリスクを評価する際に優先的に行うこととして，不適切なものを１つ選べ。

①　絶望感や喪失感などがあるかどうかを確認する。
②　就職活動の方向性が適切であったかどうかを確認する。
③　現在と過去の自殺の念慮や企図があるかどうかを確認する。
④　抑うつ状態や睡眠の様子など，精神的・身体的な状況を確認する。
⑤　就職活動や卒業研究の現状を，家族や友人，指導教員に相談できているかどうかを確認する。

2020−71　自殺のリスクの評価

問71　22歳の男性A，大学4年生。Aは12月頃，就職活動も卒業研究もうまくいっていないという主訴で学生相談室に来室した。面接では，気分が沈んでいる様子で，ポツリポツリと言葉を絞り出すような話し方であった。「就職活動がうまくいかず，この時期になっても1つも内定が取れていない。卒業研究も手につかず，もうどうしようもない」と思い詰めた表情で語っていた。指導教員からも，日々の様子からとても心配しているという連絡があった。

Aの自殺のリスクを評価する際に優先的に行うこととして，不適切なものを1つ選べ。

① 絶望感や喪失感などがあるかどうかを確認する。
② 就職活動の方向性が適切であったかどうかを確認する。
③ 現在と過去の自殺の念慮や企図があるかどうかを確認する。
④ 抑うつ状態や睡眠の様子など，精神的・身体的な状況を確認する。
⑤ 就職活動や卒業研究の現状を，家族や友人，指導教員に相談できているかどうかを確認する。

まず，選択肢を眺めると，①絶望感や喪失感，②就職活動の方向性，③自殺の念慮や企図，④精神的・身体的な状況，⑤現状についての相談，と簡素化できる。自殺の危険因子としては，精神疾患，自殺企図の既往，援助のなさ，加齢，喪失体験，薬物乱用，被虐待体験，自殺の家族歴などがあげられる。

上述のように，絶望感や喪失感は自殺の危険因子なので，①は適切である。自殺の念慮や企図も危険因子なので，③は適切である。精神疾患も危険因子なので，④も適切である。家族や友人などに相談できているかどうか，すなわち援助のなさも危険因子なので，⑤は適切である。残った②については，就職活動がうまくいかないのも一つの要因であるが，就職活動の方向性を確認することは，優先的に行うことではないので②は不適切である。

出典：中島義明他　心理学辞典　有斐閣　1999

選択肢の検討

① ×　適切。絶望感や喪失感は自殺の危険因子である。
② ○　不適切。就職活動の方向性を確認することは，優先的に行うことではない。
③ ×　適切。自殺の念慮や企図は自殺の危険因子である。
④ ×　適切。精神疾患は自殺の危険因子である。
⑤ ×　適切。援助のなさは危険因子なので，家族や友人などに相談できているか確認する必要がある。

解　答　②

【辰已法律研究所の出口調査に基づく正答率と肢別解答率データです】

参考 / 1703 人肢別解答率 Data% by 辰已法律研究所				正答率 93.0%
肢1	肢2	肢3	肢4	肢5
0.9%	93.0%	4.8%	0.2%	0.9%

着眼点

自殺の危険因子について，まとめておく必要がある。

I　2020年12月試験・全事例問題（38事例）解説

2020−74

問 74　21 歳の男性Ａ，大学３年生。Ａは将来の不安を訴えて，学生相談室を訪れ，公認心理師Ｂと面談した。Ａは，平日は大学の授業，週末はボクシング部の選手として試合に出るなど，忙しい日々を送っていた。3か月前にボクシングの試合で脳震とうを起こしたことがあったが，直後の脳画像検査では特に異常は認められなかった。1か月前から，就職活動のために OB を訪問したり説明会に出たりするようになり，日常生活がさらに慌ただしくなった。その頃から，約束の時間を忘れて就職採用面接を受けられなかったり，勉強に集中できずいくつかの単位を落としてしまったりするなど，失敗が多くなった。

　ＢのＡへの初期の対応として，不適切なものを１つ選べ。

① 高次脳機能障害の有無と特徴を評価する。
② 医師による診察や神経学的な検査を勧める。
③ 不安症状に対して，系統的脱感作の手法を試みる。
④ 現在悩んでいることを共感的に聴取し，問題の経過を理解する。

2020−74　高次脳機能障害

問 74　21 歳の男性A，大学３年生。Aは将来の不安を訴えて，学生相談室を訪れ，公認心理師Bと面談した。Aは，平日は大学の授業，週末はボクシング部の選手として試合に出るなど，忙しい日々を送っていた。３か月前にボクシングの試合で脳震とうを起こしたことがあったが，直後の脳画像検査では特に異常は認められなかった。１か月前から，就職活動のために OB を訪問したり説明会に出たりするようになり，日常生活がさらに慌ただしくなった。その頃から，約束の時間を忘れて就職採用面接を受けられなかったり，勉強に集中できずいくつかの単位を落としてしまったりするなど，失敗が多くなった。

BのAへの初期の対応として，不適切なものを１つ選べ。

① 高次脳機能障害の有無と特徴を評価する。
② 医師による診察や神経学的な検査を勧める。
③ 不安症状に対して，系統的脱感作の手法を試みる。
④ 現在悩んでいることを共感的に聴取し，問題の経過を理解する。

まず，選択肢を眺めると，MRI，CT，脳波，神経学的な検査を行うもの（①②）と，行動療法やカウンセリングといった心理療法を試みるもの（③④）に分けられる。

事例を読むと，高次脳機能障害が目につくが，ケガや病気により脳に損傷を負うと，記憶障害や注意障害のような症状が出ることがある。Aは約束の時間を忘れたり，勉強に集中できなくなっているので，①高次脳機能障害の有無と特徴を評価する，②医師による診察や神経学的な検査を勧める，は適切な初期対応である。③と④を比較すると，③系統的脱感作は行動療法の手法であり，④共感的に理解するのはクライエント中心療法のやり方であるが，④はカウンセリングに入る前に必要なことである。したがって，④は適切な初期対応である。③は行動療法を試みようとしているので，不適切な対応である。

選択肢の検討

① ×　適切。高次脳機能障害が疑われるため。
② ×　適切。神経学的検査は必要である。
③ ○　不適切。治療に入る前にアセスメントが必要である。
④ ×　適切。現在悩んでいることを共感的に理解する必要がある。

解　答　③

【辰巳法律研究所の出口調査に基づく正答率と肢別解答率データです】

参考 / 1703 人肢別解答率 Data% by 辰巳法律研究所				正答率 82.6%
肢 1	肢 2	肢 3	肢 4	
10.3%	4.6%	82.6%	2.2%	

着眼点

治療に入る前には必要な検査を行うこと，すなわち，アセスメントが必要であるという大原則を確認するような問題である。

2020－77

問 77　24 歳の女性A，小学５年生の担任教師。Aの学級は，前任からの担任教師の交代をきっかけに混乱した状態に陥った。Aの学級の複数の児童が，授業中の私語や立ち歩きなどの身勝手な行動をしていた。学級のその他の児童たちは知らん顔で，学習にはある程度取り組むものの，白けた雰囲気であった。Aは学級を立て直したいが，どうすればよいか分からない。

スクールカウンセラーがAに対してこの学級についてのコンサルテーションを行う際に，重視すべき事項として，適切なものを2つ選べ。

①　保護者の意見
②　児童の家庭環境
③　個々の児童の学力
④　学級のルールの定着
⑤　教師と児童の人間関係

2020−77　コンサルテーション

問77　24歳の女性A，小学5年生の担任教師。Aの学級は，前任からの担任教師の交代をきっかけに混乱した状態に陥った。Aの学級の複数の児童が，授業中の私語や立ち歩きなどの身勝手な行動をしていた。学級のその他の児童たちは知らん顔で，学習にはある程度取り組むものの，白けた雰囲気であった。Aは学級を立て直したいが，どうすればよいか分からない。

スクールカウンセラーがAに対してこの学級についてのコンサルテーションを行う際に，重視すべき事項として，適切なものを2つ選べ。

① 保護者の意見
② 児童の家庭環境
③ 個々の児童の学力
④ 学級のルールの定着
⑤ 教師と児童の人間関係

まず，選択肢を眺めると，保護者・家庭環境（①②）と学級内のこと（③④⑤）に分けることができる。

学級崩壊，すなわち「学級がうまく機能しない状況」は，一つの原因ではなく，複合的な要因が積み重なって起こると考えられる。そのため，複合している諸要因に一つひとつ丁寧に対処する必要がある。そのためには，チェックリストなどを利用して学級のアセスメントを行うことである。例えば，「学級のルールがしっかりと守られているか」「学級のルールを守っていない子どもがいるときには担任教師は端的に指摘し，やり方を改善させているか」「分け隔てなく，すべての子どもたちの話をよく聞けているか」などである。

上述した保護者・家庭環境のことよりも学級内のことを優先させるべきである。したがって，コンサルテーションで重視すべき事項として，適切なのは④⑤である。

選択肢の検討

① ×　学級内のことを優先すべきである。

② ×　学級内のことを優先すべきである。

③ ×　間違いではないが，学級のルールや教師と児童の人間関係をより重視すべきである。

④ ○

⑤ ○

解　答　④，⑤

【辰巳法律研究所の出口調査に基づく正答率と肢別解答率データです】

参考 / 1703 人肢別解答率 Data% by 辰巳法律研究所									正答率 78.7%
№87（解答欄）					№88（解答欄）				
肢1	肢2	肢3	肢4	肢5	肢1	肢2	肢3	肢4	肢5
1.2%	10.0%	9.6%	78.6%	0.3%	0.1%	0.1%	0.8%	3.2%	95.6%

着眼点

特に何かの知識が必要ではなく，常識の範疇のことである。

2020－141

問 141　16 歳の男子Ａ，高校１年生。Ａは，友達と一緒に原動機付自転車の無免許運転をしていたところを逮捕され，これを契機に，教師に勧められ，スクールカウンセラーＢのもとを訪れた。Ａには非行前歴はなく，無免許運転についてしきりに「友達に誘われたからやった」「みんなやっている」「誰にも迷惑をかけていない」などと言い訳をした。Ｂは，Ａの非行性は進んでいるものではなく，善悪の区別もついているが，口実を見つけることで非行への抵抗を弱くしていると理解した。

Ｂがａの非行を理解するのに適合する非行理論として，最も適切なものを１つ選べ。

①　A. K. Cohen の非行下位文化理論
②　D. Matza の漂流理論
③　E. H. Sutherland の分化的接触理論
④　T. Hirschi の社会的絆理論
⑤　T. Sellin の文化葛藤理論

2020−141　非行理論

問141　16歳の男子A，高校1年生。Aは，友達と一緒に原動機付自転車の無免許運転をしていたところを逮捕され，これを契機に，教師に勧められ，スクールカウンセラーBのもとを訪れた。Aには非行前歴はなく，無免許運転についてしきりに「友達に誘われたからやった」「みんなやっている」「誰にも迷惑をかけていない」などと言い訳をした。Bは，Aの非行性は進んでいるものではなく，善悪の区別もついているが，口実を見つけることで非行への抵抗を弱くしていると理解した。

BがAの非行を理解するのに適合する非行理論として，最も適切なものを1つ選べ。

① A. K. Cohenの非行下位文化理論
② D. Matzaの漂流理論
③ E. H. Sutherlandの分化的接触理論
④ T. Hirschiの社会的絆理論
⑤ T. Sellinの文化葛藤理論

まず，選択肢を眺めると，ほとんど見たことのない非行理論が並んでいることが分かる。このうち④社会的絆理論は，2019問98で出題されている。それは，「人が犯罪をしないのは社会とのしっかりとした絆があるからであり，その絆が弱まったときや壊れたときに逸脱した行動が起きる」と考える理論である。したがって，④は適切でない。

①は非行文化に染まっているわけではないので，適切でない。②は自分の非行に言い訳をしており，「中和の技術」が見られるので適切である。③はグループで行われる犯罪行為や逸脱行動が，個人に影響を与え，そのあり方を個人に学習させてしまうという考え方なので，誤りではないが最も適切ではない。⑤はある文化と別の文化の接触・衝突による葛藤が犯罪の原因ではないので，適切でない。

選択肢の検討

①　×　非行文化に染まっているわけではない。
②　○
③　×　誤りではないが最も適切ではない。
④　×　社会との絆が弱まったわけではない。
⑤　×　葛藤が犯罪の原因ではない。

解　答　②

【辰巳法律研究所の出口調査に基づく正答率と肢別解答率データです】

参考 / 1703 人肢別解答率 Data% by 辰巳法律研究所				正答率 21.0%
肢1	肢2	肢3	肢4	肢5
24.2%	21.0%	22.3%	26.1%	6.2%

着眼点

非行理論は，心理学には出てこないものなので難易度が高く，捨てたほうがいいような問題である。なぜなら，各選択肢の用語からもその理論の意味することが，なかなか想像できないことによる。それを裏付けるように選んだ選択肢の割合は，①24.2%，②21.0%，③22.3%，④26.1%であり，４つの選択肢がほぼ均等に選択されている。

①非行下位文化理論（非行サブカルチャー理論）は，一般文化の下には，たとえば非行少年たちの文化があり，そこでは真面目なことが悪いことであり，逆に法に触れるようなことが英雄的行動とされる。すなわち，人は自分の周りの文化を身につけ，悪い人たちの価値観をもってしまうのである。

②漂流理論（ドリフト理論）は，非行に走る者は「善悪の区別がついていない者」なのではなく，「善悪の区別がついており，常にその間を漂

流している者」として捉えた上で，「自分が行っている行為は悪ではない」と自己肯定しようとする様子に着目したものである。このように自分の行為を正当化する方法のことを「中和の技術」と呼んでいる。

③分化的接触理論は，グループ（社会）で行われる犯罪行為や逸脱行動が，そこに属する個人に影響を与え，そのあり方を個人に学習させてしまう，という考え方を基にした，環境犯罪学と社会学を融合させた理論である。

⑤文化葛藤理論は，ある人が行為の拠り所とする規範や文化が，同じ行為を犯罪として規制する別の規範や文化と接触・衝突し，葛藤することが，犯罪の原因であるとする。

2020－145

問 145　20 歳の女性A，大学2年生。Aは「1か月前くらいから教室に入るのが怖くなった。このままでは単位を落としてしまう」と訴え，学生相談室に来室した。これまでの来室歴はなく，単位の取得状況にも問題はみられない。友人は少数だが関係は良好で，家族との関係にも不満はないという。睡眠や食欲の乱れもみられないが，同じ頃から電車に乗ることが怖くなり，外出が難しいと訴える。

公認心理師である相談員が，インテーク面接で行う対応として，不適切なものを1つ選べ。

① Aに知能検査を行い知的水準を把握する。
② Aが何を問題だと考えているのかを把握する。
③ Aがどのような解決を望んでいるのかを把握する。
④ 恐怖が引き起こされる刺激について具体的に尋ねる。
⑤ 恐怖のために生じている困り事について具体的に尋ねる。

2020−145　インテーク面接

問145　20歳の女性A，大学2年生。Aは「1か月前くらいから教室に入るのが怖くなった。このままでは単位を落としてしまう」と訴え，学生相談室に来室した。これまでの来室歴はなく，単位の取得状況にも問題はみられない。友人は少数だが関係は良好で，家族との関係にも不満はないという。睡眠や食欲の乱れもみられないが，同じ頃から電車に乗ることが怖くなり，外出が難しいと訴える。

公認心理師である相談員が，インテーク面接で行う対応として，不適切なものを1つ選べ。

① Aに知能検査を行い知的水準を把握する。
② Aが何を問題だと考えているのかを把握する。
③ Aがどのような解決を望んでいるのかを把握する。
④ 恐怖が引き起こされる刺激について具体的に尋ねる。
⑤ 恐怖のために生じている困り事について具体的に尋ねる。

まず，選択肢を眺めると，②③はインテーク面接で把握すること，④⑤は具体的に尋ねることであるが，①は知的水準の把握であり異質である。

事例を読むと，②は「教室に入れない」「電車に乗れない」であり，③は「教室で勉強して単位を取得する」「電車に乗って行きたいところへ行ける」であると思われる。また，④は「教室や電車など人がたくさんいること」，⑤は「人混みを避けてしまうこと」と想像できる。以上の②〜⑤は，インテーク面接で聴取すべきことなので適切である。最初から知能検査を行うことは唐突過ぎるし，知的水準の把握が必要とは思われないので，①が不適切である。

選択肢の検討

① ○　不適切。
② ×　適切。インテーク面接で聴取すべきことである。
③ ×　適切。　　　同上
④ ×　適切。　　　同上
⑤ ×　適切。　　　同上

解　答　①

【辰已法律研究所の出口調査に基づく正答率と肢別解答率データです】

参考 / 1703 人肢別解答率 Data% by 辰已法律研究所				正答率 96.1%
肢1	肢2	肢3	肢4	肢5
96.1%	0.5%	0.6%	2.1%	0.7%

着眼点

2019 問 63 もインテーク面接についての問題である。

本事例は，広場恐怖症の事例である。広場恐怖症は不安症の一種で，DSM-Ⅳでは広場恐怖であり，これは広場恐怖を伴うパニック障害のことである。「すぐに逃げ出せない状況」「何か不調が起きたときに，すぐに対応できない状況」「不調が起きたときに，助けてもらえないかもしれない状況」にいることが不安で恐怖が高ぶってしまうことを含めた疾患である。そのために広い空間である必要はなく，デパートや駅，エレベーター，さらにはバス・電車・飛行機などの公共交通機関，劇場や教室などの閉鎖された空間，列に並んだり人ごみの中にいることでも，広場恐怖症の症状は出現してしまう。

2020－147

問 147　12 歳の女児A，小学6年生。Aは，7月初旬から休み始め，10 月に入っても登校しなかったが，10 月初旬の運動会が終わった翌週から週に一度ほど午前 10 時頃に一人で登校し，夕方まで保健室で過ごしている。担任教師は，Aと話をしたり，保護者と連絡を取ったりしながら，Aの欠席の原因を考えているが，Aの欠席の原因は分からないという。スクールカウンセラーBがAと保健室で面接した。Aは「教室には絶対に行きたくない」と言っている。

BのAへの対応として，不適切なものを1つ選べ。

①　可能であれば保護者にAの様子を尋ねる。
②　Aがいじめ被害に遭っていないかを確認する。
③　家庭の状況について情報を収集し，虐待のリスクを検討する。
④　養護教諭と連携し，Aに身体症状がないかどうかを確認する。
⑤　Aが毎日登校することを第一目標と考え，そのための支援方法を考える。

2020−147　不登校の原因

問147　12歳の女児A，小学6年生。Aは，7月初旬から休み始め，10月に入っても登校しなかったが，10月初旬の運動会が終わった翌週から週に一度ほど午前10時頃に一人で登校し，夕方まで保健室で過ごしている。担任教師は，Aと話をしたり，保護者と連絡を取ったりしながら，Aの欠席の原因を考えているが，Aの欠席の原因は分からないという。スクールカウンセラーBがAと保健室で面接した。Aは「教室には絶対に行きたくない」と言っている。

BのAへの対応として，不適切なものを1つ選べ。

① 可能であれば保護者にAの様子を尋ねる。
② Aがいじめ被害に遭っていないかを確認する。
③ 家庭の状況について情報を収集し，虐待のリスクを検討する。
④ 養護教諭と連携し，Aに身体症状がないかどうかを確認する。
⑤ Aが毎日登校することを第一目標と考え，そのための支援方法を考える。

まず，選択肢を眺めると，①〜④はAの実態あるいは問題の原因を知ろうとするものであるが，⑤だけ登校するための支援方法を考えるものである。

事例を読むと，小学生の不登校の事例であるが，欠席の原因は分からない。一般的に，登校できない理由を聞いても，「何となく行けない」と答えて，理由不明のことが多い。それでも解決の糸口を見つけるために，あらゆる可能性を考慮する必要がある。本人自身の問題なのか，家庭に問題があるのか，あるいは対人関係に起因することなのか，情報を集めて検討することが大事である。したがって，家庭での様子を保護者から聞くことは必要なことで，①は適切である。いじめも不登校の原因になるので，②は適切である。虐待のリスクも不登校の原因としてあり得るので（例えば，親が登校させない），③は適切である。「お腹が痛い」「頭が痛い」などの身体症状が不登校の理由になることがあるので，④は適切である。

⑤に関して，不登校に対しては登校刺激を加えないというのが基本的な考え方であるが，登校することを第一目標にしてそのための支援方法

を考えるとなると，登校を催促したり登校を強制したりすることにつながる恐れがある。したがって，⑤は不適切である。

選択肢の検討

①　×　適切。家庭での様子を保護者から聞くことは必要なことである。
②　×　適切。いじめも不登校の原因になる。
③　×　適切。虐待のリスクも不登校の原因としてあり得る。
④　×　適切。身体症状が不登校の理由になることがある。
⑤　○　不適切。

解　答　⑤

【辰巳法律研究所の出口調査に基づく正答率と肢別解答率データです】

参考 / 1703 人肢別解答率 Data% by 辰巳法律研究所				正答率 70.6%
肢 1	肢 2	肢 3	肢 4	肢 5
1.4%	0.3%	26.7%	0.9%	70.6%

着眼点

本事例は，不登校への対応であるが，大きな視点から見れば，「アセスメント→心理治療」という流れに沿うものである。すなわち，不登校の原因が不明なので，あらゆる可能性を考えるということがアセスメントである。それなくして，不登校の支援方法，すなわち治療的関わりを考えることは困難と思われる。

2020－149

問 149　17 歳の女子Ａ，高校２年生。Ａは，自傷行為を主訴に公認心理師Ｂのもとを訪れ，カウンセリングが開始された。一度Ａの自傷は収束したが，受験期になると再発した。ＡはＢに「また自傷を始めたから失望しているんでしょう。カウンセリングを辞めたいって思ってるんでしょう」と言うことが増えた。ＢはＡの自傷の再発に動揺していたが，その都度「そんなことないですよ」と笑顔で答え続けた。ある日，Ａはひどく自傷した腕をＢに見せて「カウンセリングを辞める。そう望んでいるんでしょう」と怒鳴った。

この後のＢの対応として，最も適切なものを１つ選べ。

① 再発した原因はＢ自身の力量のなさであることを認め，Ａに丁重に謝る。

② 自傷の悪化を防ぐために，Ａの望みどおり，カウンセリングを中断する。

③ 再発に対するＢの動揺を隠ぺいしたことがＡを不穏にさせた可能性について考え，それをＡに伝える。

④ 自傷の悪化を防ぐために，Ｂに責任転嫁をするのは誤りであるとＡに伝え，Ａ自身の問題に対する直面化を行う。

2020－149　カウンセリングの基本的態度

問 149　17歳の女子A，高校2年生。Aは，自傷行為を主訴に公認心理師Bのもとを訪れ，カウンセリングが開始された。一度Aの自傷は収束したが，受験期になると再発した。AはBに「また自傷を始めたから失望しているんでしょう。カウンセリングを辞めたいって思ってるんでしょう」と言うことが増えた。BはAの自傷の再発に動揺していたが，その都度「そんなことないですよ」と笑顔で答え続けた。ある日，Aはひどく自傷した腕をBに見せて「カウンセリングを辞める。そう望んでいるんでしょう」と怒鳴った。

この後のBの対応として，最も適切なものを1つ選べ。

① 再発した原因はB自身の力量のなさであることを認め，Aに丁重に謝る。
② 自傷の悪化を防ぐために，Aの望みどおり，カウンセリングを中断する。
③ 再発に対するBの動揺を隠ぺいしたことがAを不穏にさせた可能性について考え，それをAに伝える。
④ 自傷の悪化を防ぐために，Bに責任転嫁をするのは誤りであるとAに伝え，A自身の問題に対する直面化を行う。

まず，選択肢を眺めると，①丁重に謝る，②カウンセリングを中断する，③不穏にさせた可能性を伝える，④問題に対する直面化を行う，と簡略化できる。

事例を読むと，カウンセラーが直面している危機的な場面であることが分かる。それでも，カウンセリングにおける基本的態度を維持する必要がある。①の「再発した原因はB自身の力量のなさであることを認め」は，カウンセラーに反発していても内心は頼りたいと思っているクライエントをより不安にさせるので，①は適切でない。さらに問題なのは②の「カウンセリングを中断する」ことは，クライエントの見捨てられ不安を増大させるので，②は適切でない。④の「Bに責任転嫁するのは誤りであるとAに伝え」は，クライエントに批判や非難の目を向けることになり受容的態度とは言えないので，④は適切でない。

③の「Bの動揺を隠ぺいしたことがAを不穏にさせたことをAに伝える」は，カウンセラーがありのままの自分を受け入れ（自己一致），率直な気持ちと態度でクライエントに向き合えているので，③は適切である。

選択肢の検討

① ×　カウンセラーの責任にすると，クライエントをより不安にさせる。
② ×　カウンセリングの中断は，見捨てられ不安を増大させる。
③ ○
④ ×　クライエントに批判や非難の目を向けることになる。

解　答　③

【辰巳法律研究所の出口調査に基づく正答率と肢別解答率データです】

参考 / 1703 人肢別解答率 Data% by 辰巳法律研究所				正答率 86.0%
肢 1	肢 2	肢 3	肢 4	
1.4%	0.4%	86.0%	12.0%	

着眼点

本事例問題と類似したのが 2018 問 138 であるが，今回のほうが易しいと思われる。共通しているのは，カウンセリングの基本的態度の一つである純粋性（自己一致）ということである。これは，以下のようなことである。

「クライエントは不一致の状態，すなわち，傷つきやすく，不安の状態にある。一方，カウンセラーは一致している，あるいは統合されている。すなわち，カウンセラー自身は心理的に安定していて，ありのままの自分を受け入れている。防衛的になったり，虚勢的にならず，率直な気持ちと態度でクライエントに向き合えている」

（佐治守夫他　カウンセリングを学ぶ第２版　東京大学出版会）

岩壁茂（2007）は心理療法の失敗・中断として，「負の相補性」を指摘している。これは，クライエントがカウンセラーに対して怒りや敵意を向けたとき，カウンセラーも怒りで対応すると，互いの怒りを増幅させてしまうことを意味している。

2020－150

問 150　９歳の男児Ａ，小学３年生。Ａは，注意欠如多動症／注意欠如多動性障害〈AD/HD〉と診断され，服薬している。Ａは，待つことが苦手で順番を守れない。課題が終わった順に担任教師Ｂに採点をしてもらう際，Ａは列に並ばず横から入ってしまった。Ｂやクラスメイトから注意されると「どうせ俺なんて」と言ってふさぎ込んだり，かんしゃくを起こしたりするようになった。Ｂは何回もＡを指導したが一向に改善せず，対応に困り，公認心理師であるスクールカウンセラーＣに相談した。

ＣがＢにまず伝えることとして，最も適切なものを１つ選べ。

① 学級での環境調整の具体案を伝える。
② Ａに自分の行動を反省させる必要があると伝える。
③ Ａがルールを守ることができるようになるまで繰り返し指導する必要があると伝える。
④ Ａの年齢を考えると，この種の行動は自然に収まるので，特別な対応はせず，見守るのがよいと伝える。

2020−150　注意欠如多動性障害（AD/HD）

問 150　9歳の男児A，小学3年生。Aは，注意欠如多動症／注意欠如多動性障害〈AD/HD〉と診断され，服薬している。Aは，待つことが苦手で順番を守れない。課題が終わった順に担任教師Bに採点をしてもらう際，Aは列に並ばず横から入ってしまった。Bやクラスメイトから注意されると「どうせ俺なんて」と言ってふさぎ込んだり，かんしゃくを起こしたりするようになった。Bは何回もAを指導したが一向に改善せず，対応に困り，公認心理師であるスクールカウンセラーCに相談した。

　CがBにまず伝えることとして，最も適切なものを1つ選べ。

① 学級での環境調整の具体案を伝える。
② Aに自分の行動を反省させる必要があると伝える。
③ Aがルールを守ることができるようになるまで繰り返し指導する必要があると伝える。
④ Aの年齢を考えると，この種の行動は自然に収まるので，特別な対応はせず，見守るのがよいと伝える。

まず，選択肢を眺めると，①環境調整を伝える，②反省させる，③繰り返し指導する，④見守る，と簡略化することができる。

事例を読むと，注意欠如多動性障害の小学3年生が，順番を守れないで担任教師やクラスメイトから注意されると，ふさぎ込んだり，かんしゃくを起こしたりする。担任教師は何回も指導したが一向に改善されず，対応に困っているという相談であることが分かる。今時，AD/HDの特徴を知らない教師がいることに驚きである。待つことが苦手な子どもに，注意して指導するやり方を何回も行うことは適切ではない，ということを念頭に置く必要がある。②の反省させれば，益々ふさぎ込んだり，かんしゃくを起こしたりするようになってしまうので，②は適切でない。③のルールが守れるように繰り返し指導するのは，これまでと似たようなやり方で効果は期待できないので，③は適切でない。④の特別な対応はせず，見守るのでは，改善されるとは思えないので，④は不適切である。

したがって，順番を待たないで済むような採点の方法を変えるなど環境調整を行うことで，Aの行動を改善することが可能であり，①が適切である。以上のことから，正解は①である。

選択肢の検討

① ○

② × 反省させることで，益々事態を悪化させてしまう。

③ × これまでと似たようなやり方では効果は期待できない。

④ × 見守るだけでは改善されるとは思えない。

解　答　①

【辰已法律研究所の出口調査に基づく正答率と肢別解答率データです】

参考 / 1703 人肢別解答率 Data% by 辰已法律研究所				正答率 93.4%
肢1	肢2	肢3	肢4	
93.4%	1.0%	5.2%	0.4%	

着 眼 点

AD/HD の特徴が理解できていれば，比較的易しい問題である。

2020－152

問 152　16 歳の男子Ａ，高校１年生。Ａは，スクールカウンセラーＢのいる相談室に来室した。最初に「ここで話したことは，先生には伝わらないですか」と確認した上で話し出した。「小さいときからズボンを履くのが嫌だった」「今も，男子トイレや男子更衣室を使うのが苦痛でたまらない」「こんな自分は生まれてこなければよかった，いっそのこと死にたい」「親には心配をかけたくないので話していないが，自分のことを分かってほしい」と言う。

ＢのＡへの初期の対応として，適切なものを2つ選べ。

①　Ａの気持ちを推察し，保護者面接を行いＡの苦しみを伝える。

②　性転換手術やホルモン治療を専門的に行っている病院を紹介する。

③　誰かに相談することはカミングアウトにもなるため，相談への抵抗が強いことに配慮する。

④　クラスメイトの理解が必要であると考え，Ｂから担任教師へクラス全体に説明するよう依頼する。

⑤　自殺のおそれがあるため，教師又は保護者と情報を共有するに当たりＡの了解を得るよう努める。

2020−152　性同一性障害

問152　16歳の男子A，高校1年生。Aは，スクールカウンセラーBのいる相談室に来室した。最初に「ここで話したことは，先生には伝わらないですか」と確認した上で話し出した。「小さいときからズボンを履くのが嫌だった」「今も，男子トイレや男子更衣室を使うのが苦痛でたまらない」「こんな自分は生まれてこなければよかった，いっそのこと死にたい」「親には心配をかけたくないので話していないが，自分のことを分かってほしい」と言う。

BのAへの初期の対応として，適切なものを2つ選べ。

① Aの気持ちを推察し，保護者面接を行いAの苦しみを伝える。
② 性転換手術やホルモン治療を専門的に行っている病院を紹介する。
③ 誰かに相談することはカミングアウトにもなるため，相談への抵抗が強いことに配慮する。
④ クラスメイトの理解が必要であると考え，Bから担任教師へクラス全体に説明するよう依頼する。
⑤ 自殺のおそれがあるため，教師又は保護者と情報を共有するに当たりAの了解を得るよう努める。

まず，選択肢を眺めると，具体的には分からないが，Aの相談が深刻なものであることがうかがえる。

事例を読むと，Aが性同一性障害であることが分かる。これは，「自分の性別はどちらであるのか，自分で自覚している性別（ジェンダー・アイデンティティー）と戸籍上の性別（身体的性別）との間にずれがある状態」と定義づけられていた。しかし最近では，自分の性別が男女どちらでもない，どちらだと決められない，自分は男女の中間だと本人が認識しているケースが見られることもあるという。

性同一性障害のような個人の秘密事項を他人に伝える場合，本人の同意，了解が必要である。そうでないと守秘義務違反となる。したがって，①はたとえ保護者であっても，本人の了解を得ていないのでカウンセラーの守秘義務違反となり，①は適切でない。同様に，④の担任教師やクラス全体に説明することも守秘義務違反になるので，④は適切でない。②の病院を紹介することは，性同一障害について保護者も知らない状況で明らかに性急すぎるので，②は適切でない。

以上のことから，③については，まだカミングアウトはできず，先生や親に知られたくないという気持ちに配慮することは当然のことなので，③は適切である。⑤については，「こんな自分は生まれてこなければよかった，いっそのこと死にたい」という言葉から，自殺のおそれがあるため，何とか本人の了解を得て教師又は保護者と話し合うことは，早急に必要なことである。したがって，⑤は適切である。

選択肢の検討

① ×　Aの了解を得ていないので守秘義務違反である。
② ×　病院を紹介するのは性急すぎることである。
③ ○
④ ×　Aの了解を得ていないので守秘義務違反である。
⑤ ○

解答　③，⑤

【辰已法律研究所の出口調査に基づく正答率と肢別解答率データです】

参考 / 1703 人肢別解答率 Data% by 辰已法律研究所									正答率 91.3%
No.170（解答欄）					No.171（解答欄）				
肢1	肢2	肢3	肢4	肢5	肢1	肢2	肢3	肢4	肢5
7.4%	0.5%	91.8%	0.1%	0.2%	0.1%	0.2%	5.9%	0.7%	93.1%

着眼点

本事例問題のポイントは，守秘義務のことと自殺についての判断である。カウンセラーが守秘義務を守ることは当然のことであり，相談で知り得たことはクライエントの了解がなければ，何人にも伝えることはできない。自殺のおそれについても，本人の同意を得た上で保護者等に話す必要がある。自殺の危険度の評価は，以下のようなものがある（福島県 2013）。本事例は危険度は低いが，自殺のおそれがあると判断できる。

【自殺の危険度の評価】

危険度　低	希死念慮はあるが，具体的な計画はない。
危険度　中	希死念慮があり，その計画を立てているが，直ちに自殺するつもりはない。
危険度　高	自殺についてはっきりとした計画があり，その方法も手にしていて直ちに自殺する危険がある。

出典：福島県　うつ病と自殺について「自殺の危険を評価する」2013
https://www.pref.fukushima.lg.jp/sec/21840a/utujisatu-6.html

2020－153

問 153　14 歳の男子A，中学2年生。Aについて担任教師Bがスクールカウンセラーである公認心理師Cに相談した。Bによれば，Aは小学校から自閉スペクトラム症／自閉症スペクトラム障害〈ASD〉の診断を受けているとの引継ぎがあり，通級指導も受けている。最近，授業中にAが同じ質問をしつこく何度も繰り返すことや，寝ているAを起こそうとしたクラスメイトに殴りかかることが数回あり，Bはこのままではいじめの標的になるのではないか，と危惧している。

Cの対応として適切なものを2つ選べ。

① 保護者の了解を得て主治医と連携する。

② 周囲とのトラブルや孤立経験を通して，Aに正しい行動を考えさせる。

③ Aから不快な言動を受けた子どもに，発達障害の特徴を伝え，我慢するように指導する。

④ Aの指導に関わる教師たちに，Aの行動は障害特性によるものであることを説明し，理解を促す。

⑤ 衝動的で乱暴な行動は過去のいじめのフラッシュバックと考え，過去のことは忘れるようにAに助言する。

2020−153　自閉症スペクトラム障害

問153　14歳の男子A，中学2年生。Aについて担任教師Bがスクールカウンセラーである公認心理師Cに相談した。Bによれば，Aは小学校から自閉スペクトラム症／自閉症スペクトラム障害〈ASD〉の診断を受けているとの引継ぎがあり，通級指導も受けている。最近，授業中にAが同じ質問をしつこく何度も繰り返すことや，寝ているAを起こそうとしたクラスメイトに殴りかかることが数回あり，Bはこのままではいじめの標的になるのではないか，と危惧している。

Cの対応として適切なものを2つ選べ。

①　保護者の了解を得て主治医と連携する。

②　周囲とのトラブルや孤立経験を通して，Aに正しい行動を考えさせる。

③　Aから不快な言動を受けた子どもに，発達障害の特徴を伝え，我慢するように指導する。

④　Aの指導に関わる教師たちに，Aの行動は障害特性によるものであることを説明し，理解を促す。

⑤　衝動的で乱暴な行動は過去のいじめのフラッシュバックと考え，過去のことは忘れるようにAに助言する。

まず，選択肢を眺めると，①主治医と連携する，②正しい行動を考えさせる，③我慢するように指導する，④理解を促す，⑤過去のことは忘れる，と簡略化できる。

①については，Aは自閉症スペクトラム障害と診断されているので，診断した医師（主治医）と連携することは必要なことなので，①は適切である。②については，トラブルや孤立はできるだけ経験させないほうがいいし，正しい行動を考えるのは苦手なことなので，②は不適切である。③については，周りの子どもに発達障害の特徴を伝えるのはいいが，単に我慢させるような指導では不満が鬱積してしまうので，③は不適切である。④については，指導に関わる教師たちに障害特性を説明し，理解を促すのは必要なことなので，④は適切である。⑤については，過去のいじめのフラッシュバックがあったとしても，忘れようとしても忘れられることではないので，⑤は不適切である。

選択肢の検討

① ○
② ×　トラブルや孤立は経験させないほうがいい。
③ ×　我慢させるだけの指導では不満が生じてしまう。
④ ○
⑤ ×　フラッシュバックは忘れようとしても忘れられることではない。

解　答　①，④

【辰已法律研究所の出口調査に基づく正答率と肢別解答率データです】

参考 / 1703 人肢別解答率 Data% by 辰已法律研究所									正答率 93.8%
No.172（解答欄）					No.173（解答欄）				
肢1	肢2	肢3	肢4	肢5	肢1	肢2	肢3	肢4	肢5
95.8%	3.4%	0.4%	0.3%	0.0%	0.3%	1.8%	0.4%	97.4%	0.1%

着 眼 点

普通学級で不適応を起こしている自閉症スペクトラム障害の中学2年生のことである。通級指導も受けているということなので，そこでの様子はどうなのかを知りたいと感じたが，それ以上の記述はないし，選択肢にも出てこない。通級指導というのは，「子どもの自立を目指し，障害による困難を改善・克服するため，一人一人の状況に応じた指導を行うものである」。したがって，主治医との連携もいいが，通級指導の担当教員との連携がより必要と思われる。

出典：文部科学省　初めて通級による指導を担当する教師のためのガイド
https://www.mext.go.jp/tsukyu-guide/

2020－154

問 154　中学校の担任教師Ａ。Ａは，同じ部活動の女子中学生３名について，スクールカウンセラーＢに，次のように相談した。３名は，１か月ほど前から教室に入ることができずに会議室で勉強しており，Ａが学習指導をしながら話を聞いていた。先日，生徒たちの表情も良いため，教室に入ることを提案すると，３名は「教室は難しいが，放課後の部活動なら見学したい」と言った。早速，Ａが学年教師の会議で報告したところ，他の教師から「授業に参加できない生徒が部活動を見学するのは問題があるのではないか」との意見が出された。

この場合のＢの対応として，適切なものを2つ選べ。

① 部活の顧問と話し合う。
② Ａに援助チームの構築を提案する。
③ Ｂが学年教師の会議に参加して話し合う。
④ 学年教師の会議の意見に従うようＡに助言する。
⑤ Ａがコーディネーターとして機能するように助言する。

2020−154　コンサルテーション

問154　中学校の担任教師A。Aは，同じ部活動の女子中学生3名について，スクールカウンセラーBに，次のように相談した。3名は，1か月ほど前から教室に入ることができずに会議室で勉強しており，Aが学習指導をしながら話を聞いていた。先日，生徒たちの表情も良いため，教室に入ることを提案すると，3名は「教室は難しいが，放課後の部活動なら見学したい」と言った。早速，Aが学年教師の会議で報告したところ，他の教師から「授業に参加できない生徒が部活動を見学するのは問題があるのではないか」との意見が出された。

この場合のBの対応として，適切なものを2つ選べ。

① 部活の顧問と話し合う。
② Aに援助チームの構築を提案する。
③ Bが学年教師の会議に参加して話し合う。
④ 学年教師の会議の意見に従うようAに助言する。
⑤ Aがコーディネーターとして機能するように助言する。

まず，選択肢を眺めると，「話し合う」（①③），「提案する」（②），「助言する」（④⑤）であり，これだけでは何の相談か分からない。

事例を読むと，理由は不明であるが，同じ部活動の女子中学生3名が，1か月ほど前から教室に入ることができずに会議室で勉強している。そして，「教室は難しいが，放課後の部活動なら見学したい」という発言をどう扱ったらよいかということである。学年教師の会議で，部活動の見学に反対の教師がいるのであれば，部活の顧問と話し合う前に，反対する教師の理解を得る努力が必要なので，①は適切でない。支援を強化するためには，学年教師の会議での了承のもと援助チームを作る必要があるので，②は適切である。「部活動なら見学したい」というのは改善の兆しと思われるので，反対の意見に従うのではなく，学年教師の会議での理解を得るようにすることが大事である。したがって，④は適切でない。その際，当事者である担任教師が，参加者間の討議などを調整し，とりまとめる役割を行うのは難しく，スクールカウンセラーが，コーディネーターとして学年教師の会議に参加するのが適当と思われる。したがって，③が適切であり，⑤は不適切である。

選択肢の検討

① ×　まずは反対する教師の理解を得る努力が必要である。
② ○
③ ○
④ ×　学年教師の会議での理解を得るようにすることが大事である。
⑤ ×　当事者である担任教師がコーディネーターをするのは難しい。

解　答　②，③

【辰已法律研究所の出口調査に基づく正答率と肢別解答率データです】

参考 / 1703 人肢別解答率 Data% by 辰已法律研究所								正答率 47.1%	
№174（解答欄）					№175（解答欄）				
肢1	肢2	肢3	肢4	肢5	肢1	肢2	肢3	肢4	肢5
12.3%	83.5%	3.8%	0.2%	0.1%	0.0%	6.0%	52.5%	0.5%	40.8%

着 眼 点

②が正解の一つであることはすぐに分かるが，もう一つの選択肢を選んだ割合は，③52.5%，⑤40.8%であり，二つの選択肢は拮抗している。

事例を読むと，不思議な事例であると感じ，いくつかの疑問が生じる。同じ部活動の女子中学生３名が，１か月ほど前から教室に入ることができずに会議室で勉強しているという。３名は，同じ学年，同じクラスなのであろうか。教室に入れない理由は，何なのであろうか。さらに疑問が生じるのは，教室に入れないのは部活仲間なのだから部活動に問題があると考えるのが普通であるが，部活は見学したいが教室は難しいということである。そうなると，部活動よりも教室のほうに問題があると考えざるを得ないので，不登校の一形態である保健室登校に近いものといえよう。

スクールカウンセラーの役割として，コンサルテーションがあるが，あるケースについて，その見方，取り扱い方，関わり方，などを検討し，適格なコメント，アドバイスなどを行うことである。また，学年教師の会議を協議（カンファレンス）の場と考えれば，協議ではそれをコーディネートする役割が必要であり，関りの困難な事例などについては，スクールカウンセラーがコーディネーターとならなければならない場合もある。

出典：文部科学省　5 スクールカウンセラーの業務
https://www.mext.go.jp/b_menu/shingi/chousa/shotou/066/shiryo/attach/1369901.htm

4 産 業

2020－63

問 63　45 歳の男性Ａ，市役所職員。Ａは上司の勧めで健康管理室を訪れ，公認心理師Ｂが対応した。Ａの住む地域は１か月前に地震により被災し，Ａの自宅も半壊した。Ａは自宅に居住しながら業務を続け，仮設住宅への入居手続の事務などを担当している。仮設住宅の設置が進まない中，勤務はしばしば深夜に及び，被災住民から怒りを向けられることも多い。Ａは「自分の態度が悪いから住民を怒らせてしまう。自分が我慢すればよい。こんなことで落ち込んでいられない」と語る。その後，Ａの上司からＢに，Ａは笑わなくなり，ぼんやりしていることが多いなど以前と様子が違うという連絡があった。

この時点のＢのＡへの対応として，最も適切なものを１つ選べ。

① Ａの上司にＡの担当業務を変更するように助言する。

② Ａの所属部署職員を対象として，ロールプレイを用いた研修を企画する。

③ 災害時健康危機管理支援チーム〈DHEAT〉に情報を提供し，対応を依頼する。

④ Ａに１週間程度の年次有給休暇を取得することを勧め，Ａの同意を得て上司に情報を提供する。

⑤ Ａに健康管理医〈産業医〉との面接を勧め，Ａの同意を得て健康管理医〈産業医〉に情報を提供する。

2020−63　災害時の心理的支援

問 63　45 歳の男性Ａ，市役所職員。Ａは上司の勧めで健康管理室を訪れ，公認心理師Ｂが対応した。Ａの住む地域は１か月前に地震により被災し，Ａの自宅も半壊した。Ａは自宅に居住しながら業務を続け，仮設住宅への入居手続の事務などを担当している。仮設住宅の設置が進まない中，勤務はしばしば深夜に及び，被災住民から怒りを向けられることも多い。Ａは「自分の態度が悪いから住民を怒らせてしまう。自分が我慢すればよい。こんなことで落ち込んでいられない」と語る。その後，Ａの上司からＢに，Ａは笑わなくなり，ぼんやりしていることが多いなど以前と様子が違うという連絡があった。

この時点のＢのＡへの対応として，最も適切なものを１つ選べ。

①　Ａの上司にＡの担当業務を変更するように助言する。
②　Ａの所属部署職員を対象として，ロールプレイを用いた研修を企画する。
③　災害時健康危機管理支援チーム〈DHEAT〉に情報を提供し，対応を依頼する。
④　Ａに１週間程度の年次有給休暇を取得することを勧め，Ａの同意を得て上司に情報を提供する。
⑤　Ａに健康管理医〈産業医〉との面接を勧め，Ａの同意を得て健康管理医〈産業医〉に情報を提供する。

まず，選択肢を眺めると，①担当業務の変更，②研修の企画（ロールプレイ），③対応を依頼（災害時健康危機管理支援チーム），④年次有給休暇の取得，⑤健康管理医（産業医）との面接であり，いずれも考え得るものである。

事例を読むと，Ａは自責の念から我慢しているため，かなりストレスが溜まっていることがわかる。そのため，Ａは笑わなくなり，ぼんやりしていることが多いなど以前と様子が違うといい，うつ的な状態と思われ，早急な対応が必要である。

今のまま担当業務を変更しても，以前の状態に戻るとは考えにくいので，①は誤りである。全員を対象に研修を企画しても，必要なのはＡ個人への対応なので，②は誤りである。災害時健康危機管理支援チーム（DHEAT）というのは，災害が発生した際に被災地の保健医療調整本部・保健所が行っている指揮調整機能を応援するもので，専門的な研修・訓練を受けた職員により構成される。災害時の活動は大体１週間程度で，急性期から慢性期の間支援し，目的は防ぎえた災害死と二次的な健康被害を最小化することである。したがって，③は誤りである。

年次有給休暇を１週間程度取得すれば，身体面は楽になるが精神面の回復はどの程度まで可能かわからない。したがって，④は最適な対応とは言えない。Aの状態からは，健康管理医（産業医）との面接を勧め，とくに精神面の指導・助言を受けることが最適な対応である。したがって，⑤が正しい。

選択肢の検討

①　×　以前の状態に戻るとは考えにくい。
②　×　必要なのはA個人への対応である。
③　×　災害が発生した際に指揮調整機能を応援するものである。
④　×　１週間で心身の回復は困難である。
⑤　○

解　答　⑤

【辰巳法律研究所の出口調査に基づく正答率と肢別解答率データです】

参考 / 1703 人肢別解答率 Data% by 辰巳法律研究所				正答率 94.1%
肢1	肢2	肢3	肢4	肢5
0.6%	0.2%	3.8%	1.2%	94.1%

着眼点

本事例問題では，産業医に着目できるかがポイントである。産業医とは，労働者が健康で快適な作業環境のもとで仕事が行えるよう専門的立場から指導・助言を行う役割の医師のことをいう。

2020－68

問 68　32 歳の女性Ａ，会社員。Ａは，感情の不安定さを主訴に社内の心理相談室に来室し，公認心理師Ｂが面接した。職場で良好な適応状況にあったが，２か月前から動悸をしばしば伴うようになった。その後，異動してきた上司への苛立ちを強く自覚するようになり，ふとしたことで涙が出たり，これまで良好な関係であった同僚とも衝突することがあった。最近では，緊張して発汗することがあり，不安を自覚するようになった。

Ｂが優先的に行うべきＡへの対応として，最も適切なものを１つ選べ。

① 休職を勧める。
② 瞑想を教える。
③ 認知行動療法を勧める。
④ 医療機関の受診を勧める。
⑤ カウンセリングを導入する。

2020−68　社内の心理相談室

問68　32歳の女性A，会社員。Aは，感情の不安定さを主訴に社内の心理相談室に来室し，公認心理師Bが面接した。職場で良好な適応状況にあったが，2か月前から動悸をしばしば伴うようになった。その後，異動してきた上司への苛立ちを強く自覚するようになり，ふとしたことで涙が出たり，これまで良好な関係であった同僚とも衝突することがあった。最近では，緊張して発汗することがあり，不安を自覚するようになった。

Bが優先的に行うべきAへの対応として，最も適切なものを1つ選べ。

① 休職を勧める。
② 瞑想を教える。
③ 認知行動療法を勧める。
④ 医療機関の受診を勧める。
⑤ カウンセリングを導入する。

まず，選択肢を眺めると，③認知行動療法と⑤カウンセリングという心理療法，①休職と④医療機関から何かの病気，総合すると心の病が想像できる。

事例を読むと，主訴が感情の不安定さで，最近では不安の自覚があるという。2か月前から症状が出始め，自分の状態につらさを感じているし，人間関係にも問題が生じているので，早急な対応が必要である。①の休職した場合，楽にはなるが症状の改善につながるか不明である。②の瞑想は何も考えずリラックスすることであるが，一時的なものに過ぎないと思われる。③⑤の心理療法を行う前に診断が必要であり，まずは受診である。したがって，④が正しい。

選択肢の検討

① ×　休職しただけでは症状の改善につながるか不明である。
② ×　瞑想しても楽になるのは一時的なものである。
③ ×　アセスメントの後に心理療法を考えるべきである。
④ ○
⑤ ×　アセスメントの後に心理療法を考えるべきである。

解　答	④

【辰巳法律研究所の出口調査に基づく正答率と肢別解答率データです】

参考 / 1703 人肢別解答率 Data% by 辰巳法律研究所				正答率 74.7%
肢1	肢2	肢3	肢4	肢5
0.1%	0.5%	4.6%	74.7%	19.9%

着眼点

④を正解としたが，これにはいくつかの疑義がある。一つは，社内の心理相談室に来室したにもかかわらず，医療機関の受診を勧めたことである。会社には産業医がいるので，まずは産業医との面談を勧めるべきである。それによって医療が必要と診断されれば，医療機関の受診を勧めることになる。

もう一つは，「企業におけるメンタルサポートの4ステップ」をみると，以下のようである。

【企業におけるメンタルサポートの4ステップ】

1　教育研修による予防
2　悩みや軽度のうつ症状を改善するためのカウンセリング
3　症状が悪化した従業員のケアのための治療や指導
4　回復してからの復職支援

この4つのステップの中で，軽度のうつ状態の従業員の相談や業務は心理カウンセラー（特に産業カウンセラー）や臨床心理士が担当し，症状が悪化した従業員は産業医や保健師が担当するという役割分担がされている。

以上の考え方に従えば，事例の相談者が比較的軽度の症状と判断されれば，「⑤カウンセリングを導入する」が適切な対応ということになる。したがって，「④医療機関の受診を勧める」を正解とするには，医療機関ではなく産業医とすべきなのである。

出典：全国心理業連合会（全心連）　企業・産業分野における役割
https://www.mhea.or.jp/counselor/counselor_02.html

2020−73

問 73　25 歳の男性A，会社員。Aは，上司Bと共に社内の相談室に来室した。入社2年目であるが，仕事をなかなか覚えられず，計画的に進めることも苦手で，Bから繰り返し助言されているという。Bによれば，同僚にタイミング悪く話しかけたり，他の人にとって当たり前の決まり事に気がつかなかったりすることもあり，職場の中でも煙たがられているという。会社以外での対人関係で困ることはない。この1か月は早朝覚醒に悩まされ，起床時の気分も優れなかったため，会社を何日か休んだ。BDI-Ⅱの得点は 42 点，AQ-J の得点は 35 点であり，Y-BOCS の症状評価リストは1項目が該当した。

Aに関する見立てとして，最も適切なものを1つ選べ。

① 軽度抑うつ状態
② 強迫症／強迫性障害
③ 社交不安症／社交不安障害
④ 自閉スペクトラム症／自閉症スペクトラム障害〈ASD〉

2020−73　アセスメント

問73　25歳の男性A，会社員。Aは，上司Bと共に社内の相談室に来室した。入社2年目であるが，仕事をなかなか覚えられず，計画的に進めることも苦手で，Bから繰り返し助言されているという。Bによれば，同僚にタイミング悪く話しかけたり，他の人にとって当たり前の決まり事に気がつかなかったりすることもあり，職場の中でも煙たがられているという。会社以外での対人関係で困ることはない。この1か月は早朝覚醒に悩まされ，起床時の気分も優れなかったため，会社を何日か休んだ。BDI-Ⅱの得点は42点，AQ-Jの得点は35点であり，Y-BOCSの症状評価リストは1項目が該当した。

Aに関する見立てとして，最も適切なものを1つ選べ。

① 軽度抑うつ状態
② 強迫症／強迫性障害
③ 社交不安症／社交不安障害
④ 自閉スペクトラム症／自閉症スペクトラム障害〈ASD〉

まず，選択肢を眺めると，①のみ状態で他は診断名であることが分かる。

事例を読むと3つの心理検査が実施されていて，それらからAの見立てをするということである。BDI-Ⅱはベックうつ病調査票であり，42点は重症のうつなので，①は適切でない。Y-BOCSはエール・ブラウン強迫観念・強迫行為尺度であり，1項目が該当しただけなので，②は適切でない。AQ-Jは日本語版自閉症スペクトラム指数であり，35点は発達障害の診断がつく可能性が高い指数である。したがって，④が適切である。なお，③については検査を実施していないが，そのような傾向は見られない。したがって，③は適切でない。

選択肢の検討

① ×　重症のうつである。
② ×　強迫症状はほとんど見られない。
③ ×　社交不安障害の傾向は見られない。
④ ○

解　答　④

【辰巳法律研究所の出口調査に基づく正答率と肢別解答率データです】

参考 / 1703 人肢別解答率 Data% by 辰巳法律研究所				正答率 67.1%
肢 1	肢 2	肢 3	肢 4	
26.8%	1.6%	3.0%	67.1%	

着眼点

アセスメントのための心理検査には精通しておく必要がある。本事例では３種類の心理検査が使われている。

BDI-Ⅱは，Ｄから depression（抑うつ）をイメージできるかである。21 項目の合計点数を算出する。点数による症状は以下のとおりである。

【BDI-Ⅱ】

0－13 点	ほぼ無症状	（例）悲しさ
14－19 点	軽　症	0　わたしは気が滅入っていない
20－28 点	中等症	1　しばしば気が滅入る
29－63 点	重　症	2　いつも気が滅入っている
		3　とても気が滅入っていて つらくて耐えられない

Y-BOCS はＯから obsession（強迫観念）をイメージできるかである。半構造化面接で行い，以下のように診断する。

【Y-BOCS】

16 点以上	臨床的に有意な強迫症状
32 点以上	きわめて重度の強迫症状

AQ-JはAからautism（自閉症）をイメージできるかである。50問（50点満点）で，以下のように診断する。

【AQ-J】

33点以上	発達障害の診断がつく可能性が高い
27～32点	発達障害の傾向がある程度ある
26点以下	発達障害の傾向はあまりない

2020－143

問 143　20 代の男性A，会社員。Aは，300 名の従業員が在籍する事業所に勤務している。Aは，うつ病の診断により，3か月前から休職している。現在は主治医との診察のほかに，勤務先の企業が契約している外部のメンタルヘルス相談機関において，公認心理師Bとのカウンセリングを継続している。抑うつ気分は軽快し，睡眠リズムや食欲等も改善している。直近3週間の生活リズムを記載した表によれば，平日は職場近くの図書館で新聞や仕事に関連する図書を読む日課を続けている。職場復帰に向けた意欲も高まっており，主治医は職場復帰に賛同している。

次にBが行うこととして，最も適切なものを1つ選べ。

① 傷病手当金の制度や手続について，Aに説明する。
② Aの診断名と病状について，管理監督者に報告する。
③ 職場復帰の意向について管理監督者に伝えるよう，Aに提案する。
④ 職場復帰に関する意見書を作成し，Aを通して管理監督者に提出する。
⑤ Aの主治医と相談しながら職場復帰支援プランを作成し，産業医に提出する。

2020－143　職場復帰

問143　20代の男性A，会社員。Aは，300名の従業員が在籍する事業所に勤務している。Aは，うつ病の診断により，3か月前から休職している。現在は主治医との診察のほかに，勤務先の企業が契約している外部のメンタルヘルス相談機関において，公認心理師Bとのカウンセリングを継続している。抑うつ気分は軽快し，睡眠リズムや食欲等も改善している。直近3週間の生活リズムを記載した表によれば，平日は職場近くの図書館で新聞や仕事に関連する図書を読む日課を続けている。職場復帰に向けた意欲も高まっており，主治医は職場復帰に賛同している。

次にBが行うこととして，最も適切なものを1つ選べ。

① 傷病手当金の制度や手続について，Aに説明する。
② Aの診断名と病状について，管理監督者に報告する。
③ 職場復帰の意向について管理監督者に伝えるよう，Aに提案する。
④ 職場復帰に関する意見書を作成し，Aを通して管理監督者に提出する。
⑤ Aの主治医と相談しながら職場復帰支援プランを作成し，産業医に提出する。

まず，選択肢を眺めると，②③④に管理監督者があるのが目につく。

事例を読むと，職場復帰に向けてどう支援したらよいかということがテーマである。そのためには，主治医による職場復帰可能の判断が必要であるが，主治医は職場復帰に賛同している。次に，職場復帰の可否の判断及び「職場復帰支援プラン」の作成を行う。これは，本人，上司，人事スタッフ，産業医等の産業衛生スタッフ，主治医の多くの関係者が連携して行うものである。

①は，休職中ですでに支給されているので適切でない。②の診断名と病状は，主治医の診断書に書かれているので，管理監督者に報告するのは適切でない。③の職場復帰の意向は，本人が管理監督者に伝える必要があるので適切である。④の職場復帰に関する意見書を作成するということはないので適切でない。⑤は，主治医に診断書を作成してもらい，産業医の意見を踏まえて職場復帰支援プランを作成するので，適切でない。

出典：厚生労働省「心の健康問題により休業した労働者の職場復帰支援の手引き」
平成24年7月改訂

選択肢の検討

① ×　休職中ですでに支給されている。
② ×　診断名と病状は主治医の診断書に書かれている。
③ ○
④ ×　意見書を作成するようなことはしない。
⑤ ×　主治医には診断書を作成してもらい，職場復帰支援プランは産業医の意見を踏まえて決定する。

解　答　③

【辰已法律研究所の出口調査に基づく正答率と肢別解答率データです】

参考 / 1703 人肢別解答率 Data% by 辰已法律研究所				正答率 69.9%
肢1	肢2	肢3	肢4	肢5
0.2%	0.2%	69.9%	4.9%	24.7%

着眼点

2018.09 問 77 に「職場復帰」に関する類似問題が出題されている。そこでの適切な対応は，主治医から復職可能との診断書をもらった人が，「本人が自分で人事課に連絡を取り，復職に向けた手続を進めるように伝える」と「本人の同意を得て，産業医にこれまでの経過を話し，必要な対応を協議する」の２つであった。本事例問題は，前の方の対応に通じるものである。

2020－144

問 144　35 歳の男性Ａ，会社員。Ａは，製造業で 1,000 名以上の従業員が在籍する大規模事業所に勤務している。約３か月前に現在の部署に異動した。１か月ほど前から，疲労感が強く，体調不良を理由に欠勤することが増えた。考えもまとまらない気がするため，健康管理室に来室し，公認心理師Ｂと面談した。ＡはＢに対して，現在の仕事を続けていく自信がないことや，部下や後輩の指導に難しさを感じていること，疲労感が持続していることなどを話した。前月の時間外労働は約 90 時間であった。

このときのＢの対応として，最も適切なものを１つ選べ。

① 面談内容に基づき，Ａに休職を勧告する。
② Ａの上司に連絡して，業務分掌の変更を要請する。
③ 医師による面接指導の申出を行うよう，Ａに勧める。
④ 積極的に傾聴し，あまり仕事のことを気にしないよう，Ａに助言する。
⑤ 急性のストレス反応であるため，秘密保持義務を遵守してＡの定期的な観察を続ける。

2020－144　職場のメンタルヘルス対策

問 144　35 歳の男性Ａ，会社員。Ａは，製造業で 1,000 名以上の従業員が在籍する大規模事業所に勤務している。約３か月前に現在の部署に異動した。１か月ほど前から，疲労感が強く，体調不良を理由に欠勤することが増えた。考えもまとまらない気がするため，健康管理室に来室し，公認心理師Ｂと面談した。ＡはＢに対して，現在の仕事を続けていく自信がないことや，部下や後輩の指導に難しさを感じていること，疲労感が持続していることなどを話した。前月の時間外労働は約 90 時間であった。

このときのＢの対応として，最も適切なものを１つ選べ。

① 面談内容に基づき，Ａに休職を勧告する。
② Ａの上司に連絡して，業務分掌の変更を要請する。
③ 医師による面接指導の申出を行うよう，Ａに勧める。
④ 積極的に傾聴し，あまり仕事のことを気にしないよう，Ａに助言する。
⑤ 急性のストレス反応であるため，秘密保持義務を遵守してＡの定期的な観察を続ける。

まず，選択肢を眺めると，①休職の勧告，②業務分掌の変更，③医師による面接指導，④気にしないよう助言，⑤定期的な観察，と簡略化できる。

事例を読むと，前月の時間外労働が 90 時間で，明らかに超過勤務である。それもあって，精神的にも肉体的にも疲労感が大きく，仕事を続けられる状態ではないと思われる。したがって，何の手も打たない④の助言や⑤の観察は，状態をさらに悪化させるだけなので適切でない。また，②業務分掌の変更をしても，仕事を続けるのが困難と思われるので適切でない。

以上のことから，休職するのが適当と考えられる。そこで，休職の手続きをどうするかということであるが，休職するためには医師の診断書が必要である。休職が必要と医師が認めるということである。その際，かかりつけの主治医か社内の産業医から診断書をもらうことになる。そして，休職の申請用紙と診断書を上司または人事課等に提出する。したがって，①公認心理師が休職を勧告するのではなく，③医師による面接指導を受ける必要があるので，①は適切でなく③が適切である。

選択肢の検討

① × 医師の診断を勧めるべきである。
② × 仕事を続けること自体が困難である。
③ ○
④ × 助言だけでは状態をさらに悪化させてしまう。
⑤ × 観察だけでは状態をさらに悪化させてしまう。

解　答　③

【辰巳法律研究所の出口調査に基づく正答率と肢別解答率データです】

参考 / 1703 人肢別解答率 Data% by 辰巳法律研究所				正答率 94.5%
肢1	肢2	肢3	肢4	肢5
0.3%	3.5%	94.5%	0.2%	1.4%

着眼点

2019 問 151 に「このまま仕事を続けていく自信が持てず，休日もよく眠れなくなってきた」と訴える人について類似の問題が出題されているが，正解は「産業医との面接を強く勧める」である。すなわち，産業医に実情を話して勤務の状況を改善してもらうようにするか，あるいは休職を勧められた場合は，診断書を書いてもらえるからである。

休職中はあくまでも療養期間であり，会社との雇用関係は保たれるため，上司や人事部と連絡がとれる状態にしておく必要がある。

2020－148

問 148　A社は，新規に参入した建設業である。最近，高所作業中に作業器具を落下させる事例が立て続けに発生し，地上で作業する従業員が負傷する事故が相次いだ。そのため，事故防止のための委員会を立ち上げることになり，公認心理師が委員として選ばれた。委員会では，行政が推奨する落下物による事故防止マニュアルが用いられている。

事故防止の仕組みや制度の提案として，不適切なものを１つ選べ。

①　マニュアルの見直し

②　規則違反や不安全行動を放置しない風土づくり

③　過失を起こした者の責任を明らかにする仕組みづくり

④　過去のエラーやニアミスを集積し，分析する部門の設置

⑤　従業員にエラーやニアミスを率直に報告させるための研修

2020－148　落下事故防止

問 148　A 社は，新規に参入した建設業である。最近，高所作業中に作業器具を落下させる事例が立て続けに発生し，地上で作業する従業員が負傷する事故が相次いだ。そのため，事故防止のための委員会を立ち上げることになり，公認心理師が委員として選ばれた。委員会では，行政が推奨する落下物による事故防止マニュアルが用いられている。

事故防止の仕組みや制度の提案として，不適切なものを 1 つ選べ。

① マニュアルの見直し
② 規則違反や不安全行動を放置しない風土づくり
③ 過失を起こした者の責任を明らかにする仕組みづくり
④ 過去のエラーやニアミスを集積し，分析する部門の設置
⑤ 従業員にエラーやニアミスを率直に報告させるための研修

まず，選択肢を眺めると，何のことか分からないので，事例を読む。すると，落下事故防止のための提案であることが分かる。行政が推奨する落下物による事故防止マニュアルが用いられているが，高所作業中に作業器具を落下させる事例が立て続けに発生し，地上で作業する従業員が負傷する事故が相次いでいるという。現行のマニュアルでは不十分なら見直しが必要なので，①は適切である。規則を守り，安全な行動を意識する風土づくりが必要なので，②は適切である。過去のエラーやニアミスの分析は必要なことなので，④は適切である。従業員がエラーやニアミスを率直に報告することは大事なことなので，⑤は適切である。

③のように過失を起こした者の責任を明らかにすることは，危険を防止するための措置を怠った事業者の責任を明らかにしていない。したがって，③は不適切である。

選択肢の検討

① ×　適切。マニュアルの見直しは必要なことである。
② ×　適切。風土づくりは必要なことである。
③ ○　不適切。
④ ×　適切。過去のエラーなどの分析は必要なことである。
⑤ ×　適切。率直に報告することは大事なことである。

解　答　③

【辰已法律研究所の出口調査に基づく正答率と肢別解答率データです】

参考 / 1703 人肢別解答率 Data% by 辰已法律研究所				正答率 92.0%
肢１	肢２	肢３	肢４	肢５
5.9%	0.7%	92.0%	0.5%	0.8%

着眼点

公認心理師に関する事例問題としては異質であるが，内容的には難しくない。

落下事故防止に関しては，労働安全衛生規則（安衛則）537 条に記載があり，（物体の落下による危険の防止）「事業者は，作業のため物体が落下することにより，労働者に危険を及ぼすおそれのあるときは，防網の設置を設け，立入区域を設定する等当該危険を防止するための措置を講じなければならない」とある。したがって，事故が起こったときは，過失を起こした者の責任ではなく，事業者が危険を防止するための措置を講じなかったということになるのである。

5　司法

2020−65

問 65　9歳の男児A，小学3年生。Aは，学校でけんかした級友の自宅に放火し，全焼させた。負傷者はいなかった。Aはこれまでにも夜間徘徊で補導されたことがあった。学校では，座って授業を受けることができず，学業成績も振るわなかった。他児とのトラブルも多く，養護教諭には，不眠や食欲不振，気分の落ち込みを訴えることもあった。Aの家庭は，幼少期に両親が離婚しており，父親Bと二人暮らしである。家事はAが担っており，食事は自分で準備して一人で食べることが多かった。時折，Bからしつけと称して身体的暴力を受けていた。

家庭裁判所の決定により，Aが入所する可能性が高い施設として，最も適切なものを1つ選べ。

① 自立援助ホーム
② 児童自立支援施設
③ 児童心理治療施設
④ 児童発達支援センター
⑤ 第三種少年院（医療少年院）

2020−65　家庭裁判所の決定

問65　9歳の男児A，小学3年生。Aは，学校でけんかした級友の自宅に放火し，全焼させた。負傷者はいなかった。Aはこれまでにも夜間徘徊で補導されたことがあった。学校では，座って授業を受けることができず，学業成績も振るわなかった。他児とのトラブルも多く，養護教諭には，不眠や食欲不振，気分の落ち込みを訴えることもあった。Aの家庭は，幼少期に両親が離婚しており，父親Bと二人暮らしである。家事はAが担っており，食事は自分で準備して一人で食べることが多かった。時折，Bからしつけと称して身体的暴力を受けていた。

家庭裁判所の決定により，Aが入所する可能性が高い施設として，最も適切なものを1つ選べ。

① 自立援助ホーム
② 児童自立支援施設
③ 児童心理治療施設
④ 児童発達支援センター
⑤ 第三種少年院（医療少年院）

まず，選択肢を眺めると，児童福祉施設が3つある（②③④）。児童福祉施設とは，助産施設，乳児院，母子生活支援施設，保育所，幼保連携認定こども園，児童厚生施設，児童養護施設，障害児入所施設，児童発達支援センター，児童心理治療施設，児童自立支援施設及び児童家庭支援センターが含まれる。①の自立援助ホームは，義務教育終了後15歳から20歳までの家庭がない児童や，家庭にいることができない児童が入所して，自立を目指す家である。⑤の第三種少年院は，心身に著しい障害が見られる12歳以上26歳未満の者を収容する少年院である。したがって，①⑤はAの年齢では該当しないので，①⑤は誤りである。

児童福祉施設の④は，地域の障害のある児童を通所させて，日常生活における基本動作の指導，自活に必要な知識や技能の付与または集団生活への適応のための訓練を行う施設である。Aは学業不振でも障害児とは言えないので，④は誤りである。

残った②と③のどちらが正しいかを決めるのは，Aの行動をどう捉えるかによる。放火を重罪と判断すれば，家庭裁判所の決定は保護処分である。これには保護観察，少年院送致，児童自立支援施設等送致があり，児童自立支援施設等送致は②と一致する。したがって，②が正しいということになる。他方，Aの行動は家事をさせられ，身体的暴力を受けていたので虐待と判断され，しかも心身の不調を訴えているので，心理治療が必要と思われる。その場合，家庭裁判所は予め児童相談所と協議して，児童相談所長送致の決定をする。児童相談所長は，Aが心理治療を要する児童として児童心理治療施設へ入所措置を行う。したがって，③が正しいものとして浮上するが，家庭裁判所の直接の決定ではないので，③よりは②のほうが入所する可能性が高い施設として考えられる。以上のことから，②が正しい。

選択肢の検討

①　×　15 歳以上の児童が対象である。
②　○
③　×　②より入所する可能性が低い。
④　×　障害児のための施設である。
⑤　×　12 歳以上の者が対象である。

解　答　②

【辰巳法律研究所の出口調査に基づく正答率と肢別解答率データです】

参考 / 1703 人肢別解答率 Data% by 辰巳法律研究所				正答率 48.5%
肢 1	肢 2	肢 3	肢 4	肢 5
0.2%	48.5%	46.7%	0.9%	3.5%

着眼点

本事例問題の選択肢を選んだ割合は，②48.5%，③46.7%と二分される。これは，Aの行動を非行性が高いと捉えるか，あるいは養護性が高いと考えるかによって，入所先が違ってくる可能性があるということである。おそらく児童相談所のケースであれば，劣悪な生活環境がAの行動の背景にあると考え，心身の不調を訴えていることもあるので，児童心理治療施設への措置を第一に考えるであろう。児童自立支援施設には，心理療法の専門家がいないという理由もあげられる。しかし，家庭裁判所の決定事項なので，児童自立支援施設以外の選択肢はないであろう。

2020－67

問 67　21 歳の男性Ａ。Ａは実母Ｂと二人暮らしであった。ひきこもりがちの無職生活を送っていたが，インターネットで知り合った人物から覚醒剤を購入し，使用したことが発覚して有罪判決となった。初犯であり，ＢがＡを支える旨を陳述したことから保護観察付執行猶予となった。

保護観察官がＡに対して行う処遇の在り方として，最も適切なものを１つ選べ。

①　自助の責任を踏まえつつ，Ａへの補導援護を行う。

②　Ｂに面接を行うことにより，Ａの行状の把握に努める。

③　Ａが一般遵守事項や特別遵守事項を遵守するよう，Ｂに指導監督を依頼する。

④　改善更生の在り方に問題があっても，Ａに対する特別遵守事項を変更することはできない。

⑤　就労・覚醒剤に関する特別遵守事項が遵守されない場合，Ａへの補導援護を行うことはできない。

2020−67　保護観察制度

問 67　21 歳の男性Ａ。Ａは実母Ｂと二人暮らしであった。ひきこもりがちの無職生活を送っていたが，インターネットで知り合った人物から覚醒剤を購入し，使用したことが発覚して有罪判決となった。初犯であり，ＢがＡを支える旨を陳述したことから保護観察付執行猶予となった。

保護観察官がＡに対して行う処遇の在り方として，最も適切なものを１つ選べ。

① 自助の責任を踏まえつつ，Ａへの補導援護を行う。
② Ｂに面接を行うことにより，Ａの行状の把握に努める。
③ Ａが一般遵守事項や特別遵守事項を遵守するよう，Ｂに指導監督を依頼する。
④ 改善更生の在り方に問題があっても，Ａに対する特別遵守事項を変更することはできない。
⑤ 就労・覚醒剤に関する特別遵守事項が遵守されない場合，Ａへの補導援護を行うことはできない。

まず，選択肢を眺めると，補導援護（①⑤），指導監督（③），特別遵守事項（③④⑤）という用語が目に付く。

保護観察制度は，更生保護法により運用されている犯罪者処遇制度の一つであり，保護観察所に配属される保護観察官と地域の保護司が協働して行う。保護観察は，保護観察対象者の改善更生を図ることを目的として，指導（指導監督）と支援（補導援護）を行うことにより実施する。保護観察中，保護観察対象者には必ず守らなければならないルール「遵守事項」が課され，保護観察官や保護司が対象者を指導監督するときには，まず，この遵守事項に違反していないかといった点を確認する。遵守事項には，対象者全員に付けられるルール「一般遵守事項」と事件の内容や事件に至った経緯等を踏まえ，個人の問題性に合わせて付けられる「特別遵守事項」の２種類がある。遵守事項を守らないと，保護観察官から面接調査などが行われ，違反に対する措置が検討される。場合によっては，保護観察官が身柄を拘束し，刑務所や少年院に収容するための手続きをとることがある。

選択肢②はＢ（実母）ではなく，Ａ（対象者）に面接を行うことにより，行状の把握に努めるということなので，②は誤りである。③は指導監督をB（実母）ではなく，保護司に依頼するので，③は誤りである。④の改善更生の在り方に問題がある場合は，特別遵守事項を変更する必要があるので，④は誤りである。

残った①⑤は補導援護に関することであり，補導援護については更生保護法 58 条に書かれている。「自助の責任を踏まえつつ」とあるので，①が正しい。なお，⑤については特別遵守事項が守られないとすぐに収容ということではなく，違反に対する措置が検討されて補導援護を続ける場合もあるので，⑤は誤りである。

出典：法務省　保護観察所
http://www.moj.go.jp/hisho/seisakuhyouka/hisho04_00040.html

選択肢の検討

① ○
② ×　実母ではなく，対象者と面接を行って行状の把握に努める。
③ ×　実母ではなく，地域の保護司に依頼する。
④ ×　特別遵守事項を変更する必要がある。
⑤ ×　特別遵守事項が遵守されない場合でも，補導援護を続けることがある。

解　答　①

【辰已法律研究所の出口調査に基づく正答率と肢別解答率データです】

参考 / 1703 人肢別解答率 Data% by 辰已法律研究所				正答率 46.1%
肢 1	肢 2	肢 3	肢 4	肢 5
46.1%	16.9%	23.5%	1.6%	11.8%

着眼点

本事例問題の選択肢を選んだ割合は，①46.1%，②16.9%，③23.5%と三分される傾向にあり，それだけ難しい問題といえる。保護観察制度の知識が必要であるし，また，更生保護法についても57条（指導監督），58条（補導援護）は目を通しておくべきである。

6　その他

2020−59

問 59　石けんの香りが机を清潔に保とうとする行動に影響を与えるかについて実験を行った。香りあり条件と香りなし条件を設けて，机の上の消しくずを掃除する程度を指標として検討した。その結果，全体的には香りあり条件と香りなし条件の差が検出されなかったが，尺度で測定された「きれい好き」得点が高い群は，全体として「きれい好き」得点が低い群よりもよく掃除をした。さらに，高い群では香りあり条件と香りなし条件の差は明瞭でなかったが，低い群では，香りあり条件が香りなし条件よりも掃除をする傾向が顕著に観察された。

この実験の結果の理解として，正しいものを１つ選べ。

① 交互作用はみられなかった。
② 実験要因の主効果は有意であった。
③ 「きれい好き」要因の主効果は有意ではなかった。
④ 実験要因の主効果と交互作用が有意であった可能性が高い。
⑤ 「きれい好き」要因の主効果と交互作用が有意であった可能性が高い。

2020－59　実験の結果

問 59　石けんの香りが机を清潔に保とうとする行動に影響を与えるかについて実験を行った。香りあり条件と香りなし条件を設けて，机の上の消しくずを掃除する程度を指標として検討した。その結果，全体的には香りあり条件と香りなし条件の差が検出されなかったが，尺度で測定された「きれい好き」得点が高い群は，全体として「きれい好き」得点が低い群よりもよく掃除をした。さらに，高い群では香りあり条件と香りなし条件の差は明瞭でなかったが，低い群では，香りあり条件が香りなし条件よりも掃除をする傾向が顕著に観察された。

この実験の結果の理解として，正しいものを1つ選べ。

① 交互作用はみられなかった。
② 実験要因の主効果は有意であった。
③ 「きれい好き」要因の主効果は有意ではなかった。
④ 実験要因の主効果と交互作用が有意であった可能性が高い。
⑤ 「きれい好き」要因の主効果と交互作用が有意であった可能性が高い。

まず，選択肢を眺めると，主効果（②③④⑤）と交互作用（①④⑤）の2つの用語が目につく。主効果については，ある変数Xが別の変数Yのカテゴリー分布に有意に影響を与えていることを変数Xの主効果があるという。また，交互作用については，一つの因子の水準の違いによる観測値の期待値の間の差が，他の因子の水準の影響を受けていないとき，交互作用がないといい，その差が他の因子の水準によって有意に異なるとき，二つの因子の間に交互作用があるという。

以上のことから選択肢を検討すると，この実験の主効果は香り，すなわち香りあり条件と香りなし条件であり，二つの条件には差が検出されなかったので有意ではない。したがって，②④は誤りである。次に，尺度で測定された「きれい好き」得点は，得点の高い群が低い群よりもよく掃除をしたので，有意である可能性が高い。したがって，③は誤りである。さらに，高い群では香りあり条件と香りなし条件の差は明らかではなかったが，低い群では二つの条件に顕著な差が認められた。これが交互作用であり，きれい好きでなくても香りがあれば掃除をする傾向が顕著になるということである。したがって，交互作用が有意であった可能性が高いので⑤が正しい。必然的に，交互作用がみられなかったという①は誤りである。

選択肢の検討

① ×　「きれい好き」得点の高い群と低い群に交互作用がみられた。
② ×　香りあり条件と香りなし条件に差は検出されなかった。
③ ×　「きれい好き」得点の高い群は低い群よりもよく掃除をしたので，有意ではなかったとは言えない。
④ ×　②と同様の理由による。
⑤ ○

解　答　⑤

【辰巳法律研究所の出口調査に基づく正答率と肢別解答率データです】

参考 / 1703 人肢別解答率 Data% by 辰巳法律研究所				正答率 33.3%
肢1	肢2	肢3	肢4	肢5
8.3%	4.8%	34.4%	18.7%	33.3%

着眼点

本事例問題の選択肢を選んだ割合は，③34.4%，⑤33.3%と二分されるが，統計の基本的な知識を問う問題であり，とくに交互作用について理解できていれば，それほど難しくはないと思われる。

2020−151

問 151　50 歳の女性A，看護師。Aは看護師長として，職場では部署をまとめ，後進を育てることが期待されている。これまで理想の看護を追求してきたが，最近は心身ともに疲弊し，仕事が流れ作業のように思えてならない。一方，同居する義母の介護が始まり，介護と仕事の両立にも悩んでいる。義母やその長男である夫から，介護は嫁の務めと決めつけられていることがAの悩みを深め，仕事の疲れも影響するためか，家庭ではつい不機嫌になり，家族に強く当たることが増えている。

Aの事例を説明する概念として，不適切なものを１つ選べ。

① スピルオーバー
② エキスパート・システム
③ ジェンダー・ステレオタイプ
④ ワーク・ファミリー・コンフリクト

2020−151　仕事と家庭の役割圧力

問151　50歳の女性A，看護師。Aは看護師長として，職場では部署をまとめ，後進を育てることが期待されている。これまで理想の看護を追求してきたが，最近は心身ともに疲弊し，仕事が流れ作業のように思えてならない。一方，同居する義母の介護が始まり，介護と仕事の両立にも悩んでいる。義母やその長男である夫から，介護は嫁の務めと決めつけられていることがAの悩みを深め，仕事の疲れも影響するためか，家庭ではつい不機嫌になり，家族に強く当たることが増えている。

Aの事例を説明する概念として，不適切なものを1つ選べ。

① スピルオーバー
② エキスパート・システム
③ ジェンダー・ステレオタイプ
④ ワーク・ファミリー・コンフリクト

まず，選択肢を眺めると，すべて英語のカタカナ表記であることが分かる。

事例を読むと，50歳の看護師長が介護と仕事の両立に悩んでいる状況が書かれているので，それを英語で表現するとどうなるかという事例問題である。すぐに意味が分かるのは④ワーク・ファミリー・コンフリクトで，仕事領域と家庭領域の役割が両立不可能な際に起こる葛藤であり，今の看護師長の状況と一致するので，④は適切である。次に，③ジェンダー・ステレオタイプを文字通り訳せば，社会的性（男性と女性の役割の違いによって生まれる性別）の紋切り型であり，これは「義母やその長男である夫から，介護は嫁の務めと決めつけられていること」を指しているので，③は適切である。

①のスピル（spill）は「こぼれる，あふれる」の意味であり，スピルオーバーは「一方の役割における状況や経験が，他方の役割における状況や経験にも影響を及ぼすこと」であり，介護のことが仕事に，仕事のことが介護に影響していることが考えられるので，①は適切である。したがって，残った②が不適切である。エキスパート・システムは，人工知能研究から生まれたコンピュータ・システムのことである。

選択肢の検討

① × 適切。二つのことが影響し合うことである。
② ○ 不適切。
③ × 適切。紋切り型の考え方のことである。
④ × 適切。役割間葛藤のことである。

解　答　②

【辰已法律研究所の出口調査に基づく正答率と肢別解答率データです】

参考 / 1703 人肢別解答率 Data% by 辰已法律研究所				正答率 57.3%
肢 1	肢 2	肢 3	肢 4	
23.0%	57.3%	6.0%	13.4%	

着 眼 点

本事例問題の選択肢を選んだ割合は，①23.0%，②57.3%であり，スピル（spill）の意味が分からないと間違えてしまう問題である（覆水盆に返らず：It is no use crying over spilt milk.　spilt は spill の過去形・過去分詞）。

参考までに，2018.12 問 116 にワーク・ファミリー・コンフリクトが出題されている（不適切なものを選ぶ問題）。

問 116（問題文省略）
① 仕事が忙しすぎたり，家事・育児の負担が大きい。
② 徹夜で家族の看病をして，職場で居眠りをしてしまう。
③ 仕事で疲れ切ってしまい，家族に食事を作る気力が出ない。
④ 仕事で大事な会議がある日に，子どもが熱を出したため会議に出席できない。
⑤ 教師が，教師として自分の子どもにも接してしまい，親として接することが難しい。

ワーク・ファミリー・コンフリクトは,「役割間葛藤の一形態であり,仕事役割からの圧力が家庭役割からの圧力と矛盾するときに生じる葛藤」と定義される。したがって，①は葛藤自体が見られないので不適切である。

II

3領域（医療・福祉・教育）事例問題（27事例）解説

Ⅱ　３領域（医療・福祉・教育）事例問題（27事例）解説

●　３領域（医療・福祉・教育）の事例問題と正答率

過去３回および今回（2020 年）を合わせた４回分の事例問題のうち，医療では認知症関連のもの，福祉では児童虐待・高齢者虐待関連のもの，教育では不登校・登校渋り関連のものをまとめ，正答率を示したのが下表である。

2018～2019 年の 27 問の内訳は，正答率が 60%以上のもの（標準問題）24 問, 60%未満のもの（難解問題）３問であり, 標準問題が圧倒的に多い。

数字は正答率（%），* は難解問題，（　）は 2018～2019 年の合計

年　月	医療：認知症		福祉：児童虐待・高齢者虐待		教育：不登校・登校渋り	
2018.09	問 140	81.7	問 59	90.0	問 61	69.4
	問 154	53.5*	問 74	91.7	問 70	99.1
			問 143	66.5	問 139	85.8
			問 144	98.0		
2018.12	問 62	89.6	問 64	94.4	問 67	82.6
	問 76	91.7	問 65	79.9	問 70	79.2
	問 142	50.7*	問 69	91.0	問 139	72.2
			問 154	73.6		
2019.08	問 139	67.9	問 59	94.8	問 68	98.4
			問 72	92.2	問 75	97.0
			問 143	96.5		
			問 144	90.7		
			問 147	47.4*		
2020.12	問 70	65.7	問 76	86.5	問 60	74.0
	問 140	98.8	問 139	83.4	問 147	70.6
	問 142	92.0			問 154	47.1*
問題合計	9問（6問）		15 問（13 問）		11 問（8問）	

1　認知症関連の事例問題

2018.09－140

問 140　50 歳の女性A，会社員。Aは不眠を主訴に病院に来院した。81 歳の母親Bと二人暮らしである。Bは3年前に Alzheimer 型認知症と診断され，要介護2で週3回デイサービスに通所していた。1か月前から，Bは家を空けると泥棒が入り預金通帳を盗まれると言って自宅から出なくなった。さらに，不眠で夜間に徘徊し，自らオムツを外して室内を汚すようになった。Aは介護と見守りのためにほとんど眠れないという。

このときの病院の公認心理師がA及びBに助言する内容として，最も適切なものを1つ選べ。

①　Aがカウンセリングを受ける。
②　AがBと関わる時間を減らす。
③　Aが地域活動支援センターに相談する。
④　Aが介護支援専門員と共にBのケアプランを再検討する。
⑤　Bが医療機関を受診し抗精神病薬による治療を受ける。

2018.09−140　援助要請

問140　50歳の女性A，会社員。Aは不眠を主訴に病院に来院した。81歳の母親Bと二人暮らしである。Bは3年前にAlzheimer型認知症と診断され，要介護2で週3回デイサービスに通所していた。1か月前から，Bは家を空けると泥棒が入り預金通帳を盗まれると言って自宅から出なくなった。さらに，不眠で夜間に徘徊し，自らオムツを外して室内を汚すようになった。Aは介護と見守りのためにほとんど眠れないという。

このときの病院の公認心理師がA及びBに助言する内容として，最も適切なものを1つ選べ。

① Aがカウンセリングを受ける。
② AがBと関わる時間を減らす。
③ Aが地域活動支援センターに相談する。
④ Aが介護支援専門員と共にBのケアプランを再検討する。
⑤ Bが医療機関を受診し抗精神病薬による治療を受ける。

まず，選択肢を眺めると，4つがAの行うこと（①②③④），1つがBの行うこと（⑤）であることがわかる。Aが行うことを考えてみると，認知症の母親の症状が進んでいるので，早急な対応が必要である。②の関わる時間を減らすのは，現実的に困難である。また，①のカウンセリングを受けることは，母親への早急な対応にはならない。したがって，①②は適切でない。

そこで，専門機関に相談すべきであるが，③の地域活動支援センターは，障害者自立支援法を根拠とする，障害によって働くことが困難な障害者の日中の活動をサポートする福祉施設である。したがって，③は適切でない。

母親は要介護2なので，④の介護支援専門員（ケアマネジャー）に相談してケアプランの再検討を行うことが適切である。なお，⑤の母親が受診して抗精神病薬を服用することも有効と思われるが，どの程度効果があるかは不明である。したがって，④が最も適切である。

選択肢の検討

① × 母親への早急な対応ではない。
② × 関わる時間を減らすために介護支援専門員に相談する必要がある。
③ × 障害者が対象の福祉施設である。
④ ○
⑤ × 必要なことであるが服用の効果は不明である。

解答 ④

【辰巳法律研究所の出口調査に基づく正答率と肢別解答率データです】

参考 / 5961 人肢別解答率 Data% by 辰巳法律研究所				正答率 81.7%
肢1	肢2	肢3	肢4	肢5
2.2%	0.9%	10.6%	81.7%	4.3%

着眼点

介護保険法改正（2005 年）で制定された地域包括支援センターと地域活動支援センターを混同しないようにすることである。したがって，地域包括支援センターはどのような機関であるのか，また，介護支援専門員（ケアマネジャー）はどのようなことを行っているのかを理解しておく必要がある。

2018.09－154

問 154　70 歳の男性Ａ。Ａは，もともと穏やかな性格であったが，2年くらい前から非常に短気になり，気に入らないことがあると怒鳴り散らすようになった。天気が悪くても日課の散歩は毎日欠かさず，いつも同じコースを歩くようになった。また，散歩中に信号を無視することも多くなり，危険であるため制止すると興奮するようになった。

Ａに認められている症状として，正しいものを2つ選べ。

① 強迫行為
② 常同行動
③ 離人症状
④ 見当識障害
⑤ 抑制の欠如

2018.09－154　主な症状と状態像

問 154　70 歳の男性A。Aは，もともと穏やかな性格であったが，2年くらい前から非常に短気になり，気に入らないことがあると怒鳴り散らすようになった。天気が悪くても日課の散歩は毎日欠かさず，いつも同じコースを歩くようになった。また，散歩中に信号を無視することも多くなり，危険であるため制止すると興奮するようになった。

Aに認められている症状として，正しいものを2つ選べ。

① 強迫行為
② 常同行動
③ 離人症状
④ 見当識障害
⑤ 抑制の欠如

まず，選択肢を眺めると，いずれも精神疾患や精神遅滞に見られる行動・症状であることが分かる。

本事例問題は，認知症の初期症状がキーワードであり，５つの選択肢からそれを見つける必要がある。①強迫行為は強迫性障害がすぐに思い浮かぶが，何かを強迫的に行うことは認められない。②常同行動は同じ姿勢・動作・言葉などを無目的・無意味に長時間持続・反復する症状であるが,「いつも同じコースを歩くようになる」が当てはまるように思われる。③離人症状は自分自身の思考や行動・身体・外界に対して現実感を喪失したり，疎外感を抱いたりする意識体験で，うつ病や統合失調症などに現れる異常心理の一つである。④見当識障害は認知症に見られるものであり，見当識とは時間や場所，周囲の人々と自分との関係を理解し見当をつける能力であるが，それの低下については認められない。⑤抑制の欠如に関しては，気に入らないことがあったり制止されたりすると，興奮したり怒鳴り散らしたりするのは，精神的に混乱して抑制が欠如するからである。

以上のことから，Aに認められている症状は，②常同行動と⑤抑制の欠如である。

選択肢の検討

① ×　強迫行為は認められない。
② ○
③ ×　離人症状は認められない。
④ ×　見当識障害は認められない。
⑤ ○

解　答　②，⑤

【辰巳法律研究所の出口調査に基づく正答率と肢別解答率データです】

参考 / 5961 人肢別解答率 Data% by 辰巳法律研究所									正答率 53.5%
No.176（解答欄）					No.177（解答欄）				
肢1	肢2	肢3	肢4	肢5	肢1	肢2	肢3	肢4	肢5
14.9%	57.2%	0.6%	22.2%	3.4%	0.1%	0.5%	0.3%	5.0%	89.9%

着眼点

正答を２つ選ぶ問題であるが，⑤抑制の欠如は文中の記述から比較的容易に正答であることが分かる。もう一つの正答は，②か④で迷うところである。②常同行動 57.2%，④見当識障害 22.2%で，④より②のほうが選択されている。

見当識障害には，時間の見当識障害，場所の見当識障害，対人関係の見当識障害があり，このうち場所の見当識障害は，外出先で今どこにいるのか分からなくなり，道に迷うようになることである。上述した「いつも同じコースを歩くようになる」とは異なるので，これを場所の見当識障害（④）とするのは間違いである。同様に，強迫行為（①）とするのも，自分が分かっていながら何度も繰り返さざるを得ないのとは異なるので間違いである。やはり，常同行動（②）と考えるのが妥当である。

2018.12−62

問 62　84 歳の女性。5 年前に Alzheimer 型認知症と診断された。現在，ミニメンタルステート検査〈MMSE〉が 5 点で，介護老人保健施設に入所中である。夜中に自室からスタッフルームにやってきて，「息子が待っているので自宅に帰りたい」と言い，廊下を歩きはじめた。

このとき，一般的に勧められる職員の対応として，最も適切なものを 1 つ選べ。

① 息子に連絡し，外泊をさせるように依頼する。
② 頓用の睡眠薬を服用させ，徘徊による体力の消耗を避ける。
③ 施錠できる安全な部屋に誘導し，保護の目的で扉を施錠する。
④ 息子は自宅に不在であることを説明し，自室に戻るよう説得する。
⑤ しばらく一緒に廊下を歩き，「夜遅いのでここに泊まりましょう」と提案する。

2018.12−62　Alzheimer 型認知症

問62　84歳の女性。5年前にAlzheimer型認知症と診断された。現在，ミニメンタルステート検査〈MMSE〉が5点で，介護老人保健施設に入所中である。夜中に自室からスタッフルームにやってきて，「息子が待っているので自宅に帰りたい」と言い，廊下を歩きはじめた。

このとき，一般的に勧められる職員の対応として，最も適切なものを1つ選べ。

① 息子に連絡し，外泊をさせるように依頼する。
② 頓用の睡眠薬を服用させ，徘徊による体力の消耗を避ける。
③ 施錠できる安全な部屋に誘導し，保護の目的で扉を施錠する。
④ 息子は自宅に不在であることを説明し，自室に戻るよう説得する。
⑤ しばらく一緒に廊下を歩き，「夜遅いのでここに泊まりましょう」と提案する。

まず，選択肢を眺めると，①以外は施設に留まることを前提としている。本事例では，ミニメンタルステート検査〈MMSE〉が5点であることに注目する必要がある。すなわち，認知症が疑われるということである（21点以下の場合）。夜中の訴えということから，見当識障害もあると思われ，外泊させるような対応なので，①は適切でない。

介護老人保健施設に入所しているので，体力の消耗を心配するほどの状態とは思われない。したがって，②は適切でない。徘徊だけで保護のため扉に施錠する理由にはならないので，③は適切でない。息子に連絡していないのであれば嘘の説明になり，女性の気持ちを受け止めていないので，④は適切でない。

夜中であることを考慮し，女性の気持ちに寄り添った対応なので，⑤が適切である。

選択肢の検討

① ×　見当識障害のことを考慮していない。
② ×　体力の消耗を心配するほどの状態ではない。
③ ×　扉に施錠する理由にならない。
④ ×　女性の気持ちを受け止めていない。
⑤ ○

解　答　⑤

【辰巳法律研究所の出口調査に基づく正答率と肢別解答率データです】

参考 / 144 人肢別解答率 Data% by 辰巳法律研究所				正答率 89.6%
肢1	肢2	肢3	肢4	肢5
2.1%	3.5%	2.8%	1.4%	89.6%

着眼点

「認知症施策の現状」(厚生労働省　平成 26 年　老健局高齢者支援課認知症・虐待防止対策推進室）に書かれていることを理解しておく必要がある。「認知症の人に，意思も・経験もある」「表面的な状態だけで本人を判断したり対応しない」ということが原則であり，認知症の人の全人的理解（本人の有する力や生活習慣，意向に目を向ける）が挙げられている。

2018.12－76

問 76　72 歳の男性A。76 歳の妻Bと二人暮らしである。Bは2年前に Alzheimer 型認知症の診断を受け，現在は要介護3の状態である。Aはもともと家事が得意であり，介護保険サービスを利用することなく在宅で介護していた。Aには，Bに苦労をかけたことが認知症の原因だという思いがあり，限界が来るまで自分で介護したいと強く望んでいる。最近Bが汚れた下着を隠すようになり，それを指摘してもBは認めようとしない。Aは時々かっとなって手が出てしまいそうになるが，何とか自分を抑えてきた。

Bの主治医から依頼を受けた公認心理師の行うべき支援として，適切なものを2つ選べ。

① 介護負担軽減のためにBの施設入所を勧める。
② Aと定期的に面接を行い，心理的負担を軽減する。
③ 虐待の可能性があるため，Bと分離する手続を進める。
④ Bの主治医と相談し，Aの精神的安定のため投薬を依頼する。
⑤ Aの許可を得て，地域包括の介護支援専門員とともに負担軽減のためのケアプランを検討する。

2018.12−76　Alzheimer 型認知症

問 76　72 歳の男性A。76 歳の妻Bと二人暮らしである。Bは2年前に Alzheimer 型認知症の診断を受け，現在は要介護3の状態である。Aはもともと家事が得意であり，介護保険サービスを利用することなく在宅で介護していた。Aには，Bに苦労をかけたことが認知症の原因だという思いがあり，限界が来るまで自分で介護したいと強く望んでいる。最近Bが汚れた下着を隠すようになり，それを指摘してもBは認めようとしない。Aは時々かっとなって手が出てしまいそうになるが，何とか自分を抑えてきた。

Bの主治医から依頼を受けた公認心理師の行うべき支援として，適切なものを2つ選べ。

① 介護負担軽減のためにBの施設入所を勧める。
② Aと定期的に面接を行い，心理的負担を軽減する。
③ 虐待の可能性があるため，Bと分離する手続を進める。
④ Bの主治医と相談し，Aの精神的安定のため投薬を依頼する。
⑤ Aの許可を得て，地域包括の介護支援専門員とともに負担軽減のためのケアプランを検討する。

まず，選択肢を眺めると，施設入所（①③）と在宅ケア（②④⑤）に分けることができる。AはBを自分で介護することを強く望んでいるので，①施設入所を勧めたり，③虐待の可能性があるからといって分離する手続を進めるのは，適切でない。

②カウンセリングか，④精神安定剤かを考えると，主治医から依頼を受けたのだから，②Aと定期的に面接を行って心理的負担を軽減するのが適切であろう。同様に重要なのは，⑤介護支援の専門家である介護支援専門員（ケアマネジャー）とともにケアプランを検討することであり，負担軽減のために適切である。

選択肢の検討

① ×　Aは在宅での介護を強く望んでいる。
② ○
③ ×　虐待の可能性だけでBと分離するのは適切とはいえない。
④ ×　精神安定剤の服用までは必要ないと思われる。
⑤ ○

解　答　②，⑤

【辰巳法律研究所の出口調査に基づく正答率と肢別解答率データです】

参考 / 144 人肢別解答率 Data% by 辰巳法律研究所									正答率 91.7%
No.89（解答欄）					No.90（解答欄）				
肢1	肢2	肢3	肢4	肢5	肢1	肢2	肢3	肢4	肢5
6.3%	92.4%	0.7%	0.0%	0.0%	1.4%	1.4%	1.4%	0.0%	95.1%

着眼点

キーワードは，介護支援である。2018.09 問 140 と関連した事例なので，参照する必要がある。

2018.12－142

問 142　68 歳の女性Ａ，夫と二人暮らしである。Ａは２年前にLewy小体型認知症と診断され，月１回専門医療機関に通院している。特に介護保険サービスは受けておらず，日常生活にも大きな問題はない。物忘れは目立たないが，男の人が台所に立っているという幻視がある。夫に対して「あなたは夫と似ているけどにせ者だ」と言うことがある。

Ａに認められている症状として，最も適切なものを１つ選べ。

① 記銘障害
② 常同行動
③ 転導性の亢進
④ カプグラ症候群
⑤ 被影響性の亢進

2018.12－142　Lewy 小体型認知症

問 142　68歳の女性A，夫と二人暮らしである。Aは2年前にLewy小体型認知症と診断され，月1回専門医療機関に通院している。特に介護保険サービスは受けておらず，日常生活にも大きな問題はない。物忘れは目立たないが，男の人が台所に立っているという幻視がある。夫に対して「あなたは夫と似ているけどにせ者だ」と言うことがある。

　Aに認められている症状として，最も適切なものを1つ選べ。

① 記銘障害
② 常同行動
③ 転導性の亢進
④ カプグラ症候群
⑤ 被影響性の亢進

まず，選択肢を眺めると，すべて症状の説明である。本事例のLewy小体型認知症は，アルツハイマー型認知症に続き，2番目に多い認知症で，主に65歳以上の高齢者に多くみられる。これは，Lewy小体と呼ばれる異常な構造物が脳のさまざまな部位に蓄積することが原因で発症し，以下の4つの症状が中核的特徴である。

【Lewy 小体型認知症　中核的特徴（4症状）】
・注意や明晰さの著名な変化を伴う認知機能の変動
・繰り返し現れる構築された具体的な幻視
・認知機能の低下に先行することもあるレム睡眠行動異常症
・特発性のパーキンソニズムの以下の症状のうちひとつ以上
　：動作緩慢，寡動，静止時振戦，筋強剛

本事例の記述において特徴的なものは，「男の人が台所に立っているという幻視がある。夫に対して『あなたは夫と似ているけどにせ者だ』と言うことがある」ということである。これは幻視であるが，そのような選択肢はない。消去法で行くと，④カプグラ症候群が残る。カプグラ症候群は，妄想型統合失調症に多いが，認知症や頭部外傷で見られることもあり，友人や配偶者，両親その他近親者などが，瓜二つの外見の別人に入れ替わってしまったと誤認する妄想のことをいう。したがって，④が適切である。

出典：福島貴子，針間博彦　脳科学辞典　カプグラ症候群　2014
https://bsd.neuroinf.jp/wiki/カプグラ症候群

選択肢の検討

①　×　新しく体験したことを覚えておくことができなくなる障害のことである。
②　×　反復的・儀式的な行動，姿勢，発声のことである。
③　×　ひとつの行為を持続し続けることができなくなる障害のことである。
④　○
⑤　×　外的刺激に対して反射的に反応し，模倣行動や強迫的言語応答がみられることをいう。

解　答　④

【辰已法律研究所の出口調査に基づく正答率と肢別解答率データです】

参考 / 144 人肢別解答率 Data% by 辰已法律研究所				正答率 50.7%
肢1	肢2	肢3	肢4	肢5
9.7%	0.7%	14.6%	50.7%	23.6%

着眼点

「物忘れは目立たない」ので①ではなく，同じことを繰り返す（例えば，いつも同じコースで長い時間の外出を繰り返すなど）という記述もないので②ではない。したがって，③④⑤のなかに正答が含まれるが，キーワードは④カプグラ症候群である。

選択肢を選んだ割合は，③14.6%，④50.7%，⑤23.6%であり，④が５割以上を占めている。③は注意力や集中力の欠如が進んでいること，⑤は刺激に対する処理が短絡的，反射的になることで，これらは前頭側頭型認知症で見られることが多い症状である。

④は替え玉妄想とも呼ばれ，単なる人物の誤認ではなく妄想的な誤認であり，アルツハイマー型，レビー小体型の認知症においても認められることが知られている。

2019－139

問 139　74 歳の女性。単身生活で，就労はしていない。最近物忘れがひどいと総合病院の内科を受診した。内科医から公認心理師に心理的アセスメントの依頼があった。精神疾患の既往歴はなく，神経学的異常もみられない。以前から高血圧症を指摘されていたが，現在はコントロールされている。頭部 CT 検査で異常はなく，改訂長谷川式簡易知能評価スケール〈HDS-R〉は 21 点であった。

この時点で公認心理師が行う心理検査として，最も適切なものを 1 つ選べ。

① CAPS
② CPT
③ MMPI
④ WMS-R
⑤ Y-BOCS

2019−139　知能検査

問139　74歳の女性。単身生活で，就労はしていない。最，近物忘れがひどいと総合病院の内科を受診した。内科医から公認心理師に心理的アセスメントの依頼があった。精神疾患の既往歴はなく，神経学的異常もみられない。以前から高血圧症を指摘されていたが，現在はコントロールされている。頭部CT検査で異常はなく，改訂長谷川式簡易知能評価スケール〈HDS-R〉は21点であった。

この時点で公認心理師が行う心理検査として，最も適切なものを1つ選べ。

① CAPS
② CPT
③ MMPI
④ WMS-R
⑤ Y-BOCS

選択肢はすべて心理検査なので，領域としてはアセスメントでもある。本事例は，質問が2段階になっている。最初の質問は，74歳の女性は何の心理的アセスメントが必要なのかを判断することである。次の質問は，そのために①～⑤のどの心理検査を選ぶのかということである。

まず，改訂長谷川式簡易知能評価スケール（HDS-R）では，20点以下のとき，認知症の可能性が高いと判断される。74歳の女性は21点なので，認知症・MCI（軽度認知障害）の可能性があるといえる。最近物忘れがひどいということもあるので，記憶障害を評価できる心理検査を受ける必要がある。

①CAPSはPTSD臨床診断面接尺度である。②CPT（持続処理課題）は，AD/HDの中核症状のうち不注意と衝動性を客観的に評価することができる検査法である。③MMPIは，ミネソタ多面的人格目録である。④WMS-Rは，ウエクスラー式記憶検査である。⑤Y-BOCSは，エール・ブラウン強迫観念・強迫行為尺度である。

以上のことから，記憶検査は1つだけなので，④が適切である。

選択肢の検討

① ×　PTSD臨床診断面接尺度である。
② ×　AD/HDの評価のための検査法である。
③ ×　ミネソタ多面的人格目録である。
④ ○
⑤ ×　強迫観念・強迫行為の尺度である。

解　答　④

【辰已法律研究所の出口調査に基づく正答率と肢別解答率データです】

参考 / 2121人肢別解答率 Data% by 辰已法律研究所				正答率 67.9%
肢1	肢2	肢3	肢4	肢5
11.1%	5.2%	8.9%	67.9%	6.6%

着 眼 点

心理検査は覚えるしかないが，認知症に関しては改訂長谷川式簡易知能評価スケール（HDS-R）とミニメンタルステート検査（MMSE）の用途を理解しておく必要がある。また，WMS-Rは，一般的記憶，言語性記憶，視覚性記憶，注意／集中力，遅延再生という5つの側面から記憶をアセスメントすることができる。

2　児童虐待・高齢者虐待関連の事例問題

2018.09−59

問 59　3歳の男児。3日前に階段から落ち元気がないため診てほしいと母親に連れられて来院した。担当医師の診察結果では，頭部に裂傷と血腫，胸部に紫斑を認めた。胸部エックス線写真で肋骨に受傷時期の異なる複数の骨折を認めた。公認心理師は担当医師から対応を相談された。ソーシャルワーカーからは，男児の家族は1か月前にこの病院のあるA市に転居して来たと伝えられた。診療録によると，最近1か月の間に，小児科で脱水，皮膚科で熱湯による熱傷，外科では外傷による爪剥離と転倒による肋骨骨折の治療歴がある。

このとき公認心理師が提案する対応として，最も適切なものを1つ選べ。

① 児童相談所へ通報する。
② 母親に夫との関係について聴く。
③ 母親に子育て支援団体を紹介する。
④ 引き続き小児科外来での診療を勧める。
⑤ 母親に今回と過去の受傷機転の詳細について問い質す。

2018.09−59　身体的虐待

問59　3歳の男児。3日前に階段から落ち元気がないため診てほしいと母親に連れられて来院した。担当医師の診察結果では，頭部に裂傷と血腫，胸部に紫斑を認めた。胸部エックス線写真で肋骨に受傷時期の異なる複数の骨折を認めた。公認心理師は担当医師から対応を相談された。ソーシャルワーカーからは，男児の家族は1か月前にこの病院のあるA市に転居して来たと伝えられた。診療録によると，最近1か月の間に，小児科で脱水，皮膚科で熱湯による熱傷，外科では外傷による爪剥離と転倒による肋骨骨折の治療歴がある。

このとき公認心理師が提案する対応として，最も適切なものを1つ選べ。

① 児童相談所へ通報する。
② 母親に夫との関係について聴く。
③ 母親に子育て支援団体を紹介する。
④ 引き続き小児科外来での診療を勧める。
⑤ 母親に今回と過去の受傷機転の詳細について問い質す。

まず，選択肢を眺めると，公認心理師の対応として，通報（①），聴取（②⑤），紹介（③④）であることがわかる。

多くの治療歴から児童虐待が疑われ，しかも以前から行われており，3歳児という年齢から生命の危険さえ認められる。したがって，緊急性が高く早急な対応が必要であり，児童相談所への通報（①）が適切である。

母親に子育ての仕方や父親との関わりを聴くことも大事であるが（②⑤），それは児童相談所の担当者がすることである。子育て支援団体の紹介や引き続きの診療では（③④），虐待への歯止めをかけることはできないであろう。

子どもの身の安全の確保が何より優先される。児童相談所が子どもを家に帰すことが難しいと判断したときは，緊急一時保護を行う。一時保護を親が同意しないときは，児童相談所長による職権保護が行われる。

選択肢の検討

① ○
② ×　母親の子育ての仕方や夫との関係について聴くのは，児童相談所のケース担当者に任せるべきである。
③ ×　母親に子育て支援団体を紹介するのは，子どもが家に帰るということが前提なので，本ケースでは適当ではない。
④ ×　これも子どもが家に帰るということが前提なので，家に帰れば暴力が繰り返される危険性が高い。
⑤ ×　受傷の詳細について聴くのも児童相談所のケース担当者にしてもらったほうがいい。仮に，公認心理師が行っても，問い質すというやり方では反発を招くだけである。

解　答　①

【辰已法律研究所の出口調査に基づく正答率と肢別解答率データです】

参考 / 5961 人肢別解答率 Data% by 辰已法律研究所				正答率 90.0%
肢1	肢2	肢3	肢4	肢5
90.0%	1.4%	0.3%	1.1%	7.1%

着眼点

児童虐待に関しては，児童相談所が行う一時保護について理解しておく必要がある。そのためには，関連する児童福祉法や児童虐待防止法の知識も必要である。

一時保護の第一の目的は，子どもの生命の安全の確保である。単に生命の危険にとどまらず，現在の環境におくことが子どものウェルビーイング（子どもの権利の尊重・自己実現）にとって明らかに看過できないと判断されたときは，まず一時保護を行うべきである。

一時保護を行い，子どもの安全を確保した方が，子どもへの危険を心配することなく虐待を行っている保護者への調査や指導を進めることができる。また，一時的に子どもから離れることで，保護者も落ち着くことができたり，援助を開始する動機づけにつながる場合もある。

児童虐待防止法では，児童虐待に係る通告（児童虐待防止法 6 条 1 項）又は市町村からの送致（児童福祉法 25 条の 7 第 1 項 1 号など）を受けた場合，子どもの安全の確認を行うための措置を講ずるとともに，必要に応じ一時保護（児童福祉法 33 条 1 項）を行うものとされ，その実施に当たっては，速やかに行うものとされている（児童虐待防止法 8 条）。

これまでも児童相談所においては早期の安全確認及び一時保護の努力義務が課せられてきたが，平成 19 年児童虐待防止法改正法においては措置を義務が課せられたことに留意しなければならない。

出典：厚生労働省 「子ども虐待対応の手引き」 第 5 章　一時保護
https://www.mhlw.go.jp/bunya/kodomo/dv12/05.html

2018.09−74

問 74　75 歳の女性A，独身の息子と二人暮らしである。Aは2年くらい前からスーパーで連日同じ食材を重ねて買うようになり，スーパーからの帰り道で道に迷うなどの行動が見られ始めた。午前中から散歩に出たまま夕方まで帰らないこともあった。最近，息子の怒鳴り声が聞こえるようになり，時々Aの顔にあざが見られるようになったため，近所の人が心配して，市の相談センターに相談した。

市の対応として，不適切なものを１つ選べ。

① 虐待担当部署への通報
② 息子への指導及び助言
③ Aの居室の施錠の提案
④ 徘徊時に備えた事前登録制度の利用
⑤ 民生委員への情報提供と支援の依頼

2018.09−74　高齢者虐待

問74　75歳の女性A，独身の息子と二人暮らしである。Aは2年くらい前からスーパーで連日同じ食材を重ねて買うようになり，スーパーからの帰り道で道に迷うなどの行動が見られ始めた。午前中から散歩に出たまま夕方まで帰らないこともあった。最近，息子の怒鳴り声が聞こえるようになり，時々Aの顔にあざが見られるようになったため，近所の人が心配して，市の相談センターに相談した。

市の対応として，不適切なものを1つ選べ。

① 虐待担当部署への通報
② 息子への指導及び助言
③ Aの居室の施錠の提案
④ 徘徊時に備えた事前登録制度の利用
⑤ 民生委員への情報提供と支援の依頼

まず，選択肢を眺めると，通報・依頼（①⑤），息子への助言・提案など（②③④）であることがわかる。

母と息子の二人暮らしであり，母の年齢から息子は40代と思われ独身である。2年くらい前から母に認知症の症状が見られるようになり，最近では，外出時の道迷いや徘徊があり，目が離せなくなっている。そのような母に対して息子は暴力を振るい，認知症に対する理解が乏しいと思われ，暴力がエスカレートして日常的な虐待へ進んでしまう危険性がある。

したがって，①虐待担当部署への通報，⑤民生委員への情報提供と支援の依頼は必要であろう。一方で，②息子への働きかけとして認知症についての理解，周囲の人に協力を求めることや，④公的制度の利用などを指導・助言することが大事である。

残りの③母の居室の施錠は，母の意向に目を向けないやり方でネグレクトに当たり，逆に虐待をエスカレートさせる危険性がある。したがって，③が不適切なものである。

選択肢の検討

①　×　適切。
②　×　適切。
③　○　不適切。施錠することは高齢者虐待のネグレクトに相当する。
④　×　適切。
⑤　×　適切。

解　答　③

【辰巳法律研究所の出口調査に基づく正答率と肢別解答率データです】

参考 / 5961 人肢別解答率 Data% by 辰巳法律研究所				正答率 91.7%
肢1	肢2	肢3	肢4	肢5
4.0%	1.9%	91.7%	0.6%	1.7%

着 眼 点

高齢者虐待についての知識が必要である。高齢者虐待（elder abuse）とは，家庭内や施設内での高齢者に対する虐待行為のことである。高齢者の基本的人権を侵害・蹂躙し，心身に深い傷を負わせるようなもので，以下のような種類がある。

⑴　身体的虐待：殴る，蹴る，つねるなどで，裂傷や打撲などの跡を残すことがある。本人の意に反して，手足を縛る身体的拘束もある。
⑵　性的虐待：性交を強要することで，高齢者夫婦間でのドメスティック・バイオレンスも含まれる。
⑶　心理的虐待：脅迫や侮辱などの言葉による暴力のことである。
⑷　ネグレクト（介護や世話の放棄）：食事，衣類，暖房など生活に必要なものを提供しない。病気を放置して必要な医療を受けさせない。生活上の不合理な制限，戸外への閉め出しを行う。

⑸　経済的虐待：年金，預貯金，財産などを不正に使用されたり，売却されたりする。

とくに，高齢者に心身の障害がある場合は，虐待される危険性がより高いとされる。したがって，認知症の高齢者は虐待されやすいのである。

2018.09－143

問 143　5歳の男児。父母からの身体的虐待とネグレクトを理由に，1週間前に児童養護施設に入所した。入所直後から誰彼構わず近寄り，関わりを求めるが，関わりを継続できない。警戒的で落ち着かず，他児からのささいなからかいに怒ると鎮めることが難しく，他児とのトラブルを繰り返している。着替え，歯磨き，洗面などの習慣が身についていない。眠りが浅く，夜驚がみられる。

このときの施設の公認心理師が最初に行う支援として，最も適切なものを1つ選べ。

① 眠りが浅いため，医師に薬の処方を依頼する。

② 心的外傷を抱えているため，治療として曝露療法を開始する。

③ 気持ちを自由に表現できるよう，プレイルームでプレイセラピーを開始する。

④ 趣味や嗜好を取り入れて，安心して暮らせる生活環境を施設の養育者と一緒に整える。

⑤ 年齢相応の基本的な生活習慣が身につくよう，施設の養育者と一緒にソーシャルスキルトレーニング〈SST〉を開始する。

2018.09−143　虐待への対応

問 143　5歳の男児。父母からの身体的虐待とネグレクトを理由に，1週間前に児童養護施設に入所した。入所直後から誰彼構わず近寄り，関わりを求めるが，関わりを継続できない。警戒的で落ち着かず，他児からのささいなからかいに怒ると鎮めることが難しく，他児とのトラブルを繰り返している。着替え，歯磨き，洗面などの習慣が身についていない。眠りが浅く，夜驚がみられる。

このときの施設の公認心理師が最初に行う支援として，最も適切なものを1つ選べ。

① 眠りが浅いため，医師に薬の処方を依頼する。
② 心的外傷を抱えているため，治療として曝露療法を開始する。
③ 気持ちを自由に表現できるよう，プレイルームでプレイセラピーを開始する。
④ 趣味や嗜好を取り入れて，安心して暮らせる生活環境を施設の養育者と一緒に整える。
⑤ 年齢相応の基本的な生活習慣が身につくよう，施設の養育者と一緒にソーシャルスキルトレーニング〈SST〉を開始する。

まず，選択肢を眺めると，薬の処方の依頼（①），治療の開始（②③），安心できる生活環境（④），SST の開始（⑤）であることがわかる。

本事例のキーワードは愛着障害である。虐待されていたため愛着障害が顕著であり，施設での問題が多々生じている。問題が起きるたびに注意し指導しても，他者との信頼関係ができていないので，興奮するだけで効果は期待できないと思われる。ここはまず④施設が身体的虐待もネグレクトもない安心できる場所であるということを定着させていくことが肝要である。したがって，④が適切である。

精神的に安定すれば，落ち着きも出て来るであろうし，睡眠障害も解消すると思われるので，①の薬の処方は必要ない。また，④の後に効果が期待できるのは，③のプレイセラピーであり，⑤の SST による生活習慣の改善である。②の曝露療法は適切でない。

選択肢の検討

① ×　5歳児に睡眠薬の処方は早すぎる。
② ×　不安障害と診断されているわけではなく曝露療法は適切でない。
③ ×　安心して暮らせるような環境になればプレイセラピーの効果が期待できる。
④ ○
⑤ ×　③と同様に今後の課題である。

解　答　④

【辰已法律研究所の出口調査に基づく正答率と肢別解答率データです】

参考 / 5961 人肢別解答率 Data% by 辰已法律研究所				正答率 66.5%
肢1	肢2	肢3	肢4	肢5
0.9%	0.1%	28.8%	66.5%	3.6%

着眼点

環境調整→心理治療という流れを押さえる必要がある。したがって，環境調整の後にプレイセラピーや SST の効果が期待できる。本事例ではプレイセラピーを選んだ割合が比較的多かったが，上記が誤りの理由である。

曝露療法（エクスポージャー法／療法）は，不安障害に用いられる行動療法の一種である。この技法では，不安や苦痛を克服するため，患者が恐怖を抱いている物や状況に対して，危険を伴うことなく直面させることとなる。全般性不安障害，社交不安障害，強迫性障害，PTSD，特定の恐怖症などの障害の治療について，様々な研究でその有効性が裏付けられている。

2018.09－144

問 144　9歳の男児A，小学3年生。Aは学校で落ち着きがなく，授業に集中できずに離席も多いため，担任教師に勧められて，母親が家の近くにある市の相談センターに連れて来た。母子家庭できょうだいはない。3回目の面談には，Aが一人で来所した。Aの顔が赤く腫れ上がっており，公認心理師Bが尋ねると，「昨日家でおじさんに殴られた。怖いから家に帰りたくない」と怯えた表情で訴えた。Bが「おじさんって？」と尋ねると，「一緒に住んでいる人」と答えた。よく見ると顔の別の場所や手足に古いあざのようなものが多数あった。

Bのとるべき行動として，最も適切なものを1つ選べ。

① 相談センターの責任者に伝え，センターから市の虐待対応部署に通告する。

② 家に帰すことは危険と考え，AをBの家に連れて帰り，母親に連絡を取る。

③ 事実の確認が必要と考え，司法面接の技術を用いて，自ら詳細な聞き取りを行う。

④ 怖い気持ちを十分に受け止めた上で，家に帰るように諭して帰宅させ，次回にその後の様子を聞く。

⑤ 母親に連絡してAが怯えていることを伝え，母親に「おじさん」の暴力を止めてもらうよう依頼する。

2018.09−144　虐待への対応

問144　9歳の男児A，小学3年生。Aは学校で落ち着きがなく，授業に集中できずに離席も多いため，担任教師に勧められて，母親が家の近くにある市の相談センターに連れて来た。母子家庭できょうだいはない。3回目の面談には，Aが一人で来所した。Aの顔が赤く腫れ上がっており，公認心理師Bが尋ねると，「昨日家でおじさんに殴られた。怖いから家に帰りたくない」と怯えた表情で訴えた。Bが「おじさんって？」と尋ねると，「一緒に住んでいる人」と答えた。よく見ると顔の別の場所や手足に古いあざのようなものが多数あった。

Bのとるべき行動として，最も適切なものを1つ選べ。

① 相談センターの責任者に伝え，センターから市の虐待対応部署に通告する。
② 家に帰すことは危険と考え，AをBの家に連れて帰り，母親に連絡を取る。
③ 事実の確認が必要と考え，司法面接の技術を用いて，自ら詳細な聞き取りを行う。
④ 怖い気持ちを十分に受け止めた上で，家に帰るように諭して帰宅させ，次回にその後の様子を聞く。
⑤ 母親に連絡してAが怯えていることを伝え，母親に「おじさん」の暴力を止めてもらうよう依頼する。

まず，選択肢を眺めると，虐待対応部署に通告する（①），母親に連絡する（②⑤），自ら話をする（③④）であることがわかる。

落ち着きがないということで担任教師に勧められて母子が来所したが，3回目の面談は子ども一人で来所し，顔を赤く腫らしていた。手足に古いあざのようなものも多数あり，以前から暴力を振るわれていた可能性が高く，虐待が疑われる。したがって，まずは虐待対応部署あるいは児童相談所に通告が必要であり，①が適切である。

家に帰すことが危険であっても，自分の家に連れて帰るのは問題で，介入しすぎて巻き込まれてしまう恐れがあるので，②は適切でない。事実の確認は，市の虐待対応部署の担当者がすべきなので，③は適切でない。家に帰すことは，また暴力を受ける危険性が高いと思われるので，④は適切でない。母親に「おじさん（同居人）」の暴力をやめてもらうよう依頼しても，逆効果になることが考えられるので，⑤は不適切である。

選択肢の検討

① ○
② × 自分の家に連れて帰ることは問題である。
③ × 詳細な聴き取りは市の虐待対応部署の担当者がすべきである。
④ × 家に帰すのは危険である。
⑤ × 逆効果になってしまう恐れがある。

解　答　①

【辰巳法律研究所の出口調査に基づく正答率と肢別解答率データです】

参考 / 5961 人肢別解答率 Data% by 辰巳法律研究所				正答率 98.0%
肢1	肢2	肢3	肢4	肢5
98.0%	0.1%	1.6%	0.1%	0.2%

着 眼 点

2004 年（平成 16 年）の児童福祉法改正に伴い，虐待相談のうち軽微なケースは市町村の虐待対応部署，深刻なケースは児童相談所が対応することになっている。そこで，児童相談所の虐待への取組について理解しておく必要がある。

児童虐待防止法の改正（平成 20 年 4 月 1 日施行）により，児童相談所の権限が強化され，子どもの安全確認及び安全確保のため，より実効性のある安全確認手段として，従来の立入調査に加え，出頭要求，再出頭要求を行い，出頭要求に応じない場合には裁判所の許可状を受け臨検又は捜索ができることになった。さらに 2016 年（平成 28 年）の改正では，臨検・捜索手続の簡素化が図られ，再出頭要求を経ずとも，臨検・捜索の許可状請求が可能になった。

児童相談所は，調査情報をもとに，子どもの安全確認等の目的を達成するための見通しのあるプランを持ち，援助方針会議で出頭要求，立入調査等の実施方針を決定する。

2018.12－64

問 64　3歳の女児A。Aはネグレクトで児童相談所に保護された。Aは非嫡出子として出生した。母親はAの情緒的要求に応じることが乏しく，Aを家に放置することが多かったため，一時保護に至った。保護をして1か月が過ぎた。Aは職員とはコミュニケーションはとれるものの，怪我をするなど困ったときには助けを求めることがない。就寝時に絵本を読みきかせたところ，Aは興味を示し，楽しい場面に笑顔を見せた。

Aに考えられる障害として，最も適切なものを1つ選べ。

① 広汎性発達障害
② 反応性愛着障害
③ 重度精神遅滞［知的障害］
④ 分離不安症／分離不安障害
⑤ 注意欠如多動症／注意欠如多動性障害〈AD/HD〉

2018.12−64　ネグレクト

問64　3歳の女児A。Aはネグレクトで児童相談所に保護された。Aは非嫡出子として出生した。母親はAの情緒的要求に応じることが乏しく，Aを家に放置することが多かったため，一時保護に至った。保護をして1か月が過ぎた。Aは職員とはコミュニケーションはとれるものの，怪我をするなど困ったときには助けを求めることがない。就寝時に絵本を読みきかせたところ，Aは興味を示し，楽しい場面に笑顔を見せた。

Aに考えられる障害として，最も適切なものを1つ選べ。

① 広汎性発達障害
② 反応性愛着障害
③ 重度精神遅滞［知的障害］
④ 分離不安症／分離不安障害
⑤ 注意欠如多動症／注意欠如多動性障害〈AD/HD〉

まず，選択肢を眺めると，すべてが主に子どもの障害名であることがわかる。

本事例のキーワードは，児童虐待の1種別であるネグレクトである。すなわち，保護者による養育の放棄・怠慢であり，これにより子どもに悪影響を及ぼすということである。具体的には愛着障害が挙げられるが，DSM-5での診断名としては，「反応性愛着障害（反応性アタッチメント障害）」と「脱抑制型対人交流障害」の2つがある。前者は，養育者との日常的な交流の中で陽性の情動の表出の減少または欠如を示し，つらいことがあっても周囲の人に頼ることができない。後者は，初対面の人にも人見知りせずに抱きつくなど，過度のなれなれしい言動を示すのが特徴である。

Aは，「職員とはコミュニケーションはとれるものの，怪我をするなど困ったときには助けを求めることがない」ということなので，反応性愛着障害に当てはまる。したがって，②が適切である。

選択肢の検討

①　×　対人的コミュニケーションの困難さ，固執傾向などの特徴がみられない。
②　○
③　×　絵本に興味を示し知的な遅れを感じさせる記述がない。
④　×　母親を求めるような行動がみられない。
⑤　×　落ち着きがない，集中力がないなどの特徴がみられない。

解　答　②

【辰已法律研究所の出口調査に基づく正答率と肢別解答率データです】

参考 / 144 人肢別解答率 Data% by 辰已法律研究所				正答率 94.4%
肢1	肢2	肢3	肢4	肢5
2.8%	94.4%	0.7%	1.4%	0.0%

着眼点

反応性愛着障害は，自閉症スペクトラム（ASD）にも見られる症状のため鑑別が必要である。子どもが不十分な養育の極端なやり方を経験しているかどうかが，1つの基準である。一方，脱抑制型対人交流障害は，AD/HD と間違われやすい症状なので鑑別が必要である。これも，子どもが不十分な養育の極端なやり方を経験しているかどうかが，1つの基準である。

上記の不十分な養育のことをマルトリートメントというが，体罰，虐待，ネグレクトとは違い，行為が軽くても子どもを傷つける意思がなくても子どもが傷つく行為はすべてマルトリートメントである。このマルトリートメントは様々な障害をもたらし，対人関係の障害，気分の落ち込み，認知の障害などが挙げられる。

2018.12－65

問 65　中学２年の担任教師Ａ。Ａは，中学校でスクールカウンセリングを担当している公認心理師に次のように相談した。クラスの女子生徒Ｂが「誰にも言わないでください」と前置きし，「小学校６年生になったころから，母親が夜仕事に出ていくと継父が夜中に布団に入ってくる。夜になるとまた来るのではないかと恐ろしくて眠れない」と話した。Ａは性的虐待の可能性が高いと思うが，Ｂに詳しく聞いていないため確証が得られていない。今後，担任教師としてどのように対応すべきか助言してほしいという。

　Ａに対する公認心理師の助言として，最も適切なものを１つ選べ。

①　母親に電話して事実を確認する。
②　Ａが中心となって，この問題に取り組む。
③　虐待の可能性があることを，児童相談所に通告する。
④　安心して話していいとＢに伝えて，話してくるまで待つ。
⑤　秘密は必ず守るとＢに伝え，これまでの経緯と現状を詳しく尋ねる。

2018.12−65　性的虐待

問65　中学2年の担任教師A。Aは，中学校でスクールカウンセリングを担当している公認心理師に次のように相談した。クラスの女子生徒Bが「誰にも言わないでください」と前置きし，「小学校6年生になったころから，母親が夜仕事に出ていくと継父が夜中に布団に入ってくる。夜になるとまた来るのではないかと恐ろしくて眠れない」と話した。Aは性的虐待の可能性が高いと思うが，Bに詳しく聞いていないため確証が得られていない。今後，担任教師としてどのように対応すべきか助言してほしいという。

Aに対する公認心理師の助言として，最も適切なものを1つ選べ。

① 母親に電話して事実を確認する。
② Aが中心となって，この問題に取り組む。
③ 虐待の可能性があることを，児童相談所に通告する。
④ 安心して話していいとBに伝えて，話してくるまで待つ。
⑤ 秘密は必ず守るとBに伝え，これまでの経緯と現状を詳しく尋ねる。

まず，選択肢を眺めると，担任教師が取り組むよう助言するものがほとんどであることがわかる（①②④⑤）。

継父が夜中に布団に入ってくることが，小学校6年生から2年以上続いている。その事実だけでも性的虐待といえる。確証が得られていなくても，そのおそれだけで通告する義務がある。ましてや子ども自身が恐ろしくて眠れないと話しているので，早急に対応する必要がある。

虐待については児童相談所が取り扱うことになっているので，③が適切である。担任教師に話してきたからといっても，虐待の可能性があれば担任教師が取り組むことではない。したがって，①②④⑤はすべて適切でない。なお，①と⑤を比較すると，①は本人の同意がないので守秘義務を無視しているが，⑤は秘密を守ると伝えているので一見良さそうに思える引っかけの選択肢になっている。

選択肢の検討

①　×　担任教師が行うことではないし，守秘義務も無視している。
②　×　担任教師が中心となって取り組む問題ではない。
③　○
④　×　担任教師が行うことではないし，早急な対応が必要である。
⑤　×　児童相談所のケース担当者が行うことである。

解　答　③

【辰巳法律研究所の出口調査に基づく正答率と肢別解答率データです】

参考 / 144 人肢別解答率 Data% by 辰巳法律研究所				正答率 79.9%
肢1	肢2	肢3	肢4	肢5
2.1%	0.7%	79.9%	4.9%	11.8%

着眼点

虐待の通告義務に関して，児童虐待防止法6条1項は「児童虐待を受けたと思われる児童を発見した者は，速やかに（中略）福祉事務所若しくは児童相談所に通告しなければならない」と定めている。

2004 年の法改正により，対象が広がり，「児童虐待を受けた児童」ではなく，「児童虐待を受けたと思われる児童」を発見すれば，通告義務が発生する規定となった。そのため，児童虐待だという確信が持てなくても，「もしかすると，虐待されているかもしれない」と思えば，通告する義務が発生するのである。

児童虐待の通告義務はもともと，児童福祉法 25 条に定められていたが，国民に広く通告義務の存在が知られておらず，規定が形骸化していた。しかし，1990 年代に入り，児童虐待が社会問題化し，虐待に対応する法律の必要性が主張され，2000 年5月に「児童虐待防止法」（正式名称は「児童虐待の防止等に関する法律」）が成立した。

2018.12−69

問 69　9歳の男児A，小学校3年生。実父母から身体的虐待を受けて小学校1年のときに児童養護施設に入所した。入所当初は不眠，落ち着きのなさ，粗暴行為が見られたが，現在はほぼ改善し，日々の生活は問題なく過ごせるようになっている。実父母は施設の公認心理師との面接などを通して，暴力に頼ったしつけの問題や，虐待にいたるメカニズムを理解できるようになった。毎週の面会に訪れ，Aとの関係も好転している様子がうかがわれた。小学校3年になって，Aと実父母が家庭復帰を希望するようになった。

　家庭復帰に関して施設が行う支援について，不適切なものを1つ選べ。

①　家庭復帰後の懸念される事態について児童相談所と話し合う。
②　実父母と子どもと一緒に，帰省や外泊の日程やルールなどを検討する。
③　週末帰省中に，再び実父母からの虐待が認められた場合には，家庭復帰については再検討する。
④　実父母が在住する市の要保護児童対策地域協議会でのケース検討会議の開催を，児童相談所を通して市に依頼する。
⑤　家庭復帰後は，施設措置が解除となり，市の要保護児童対策地域協議会の監督下に入るため，施設からの支援は終了する。

2018.12−69　児童養護施設

問69　9歳の男児A，小学校3年生。実父母から身体的虐待を受けて小学校1年のときに児童養護施設に入所した。入所当初は不眠，落ち着きのなさ，粗暴行為が見られたが，現在はほぼ改善し，日々の生活は問題なく過ごせるようになっている。実父母は施設の公認心理師との面接などを通して，暴力に頼ったしつけの問題や，虐待にいたるメカニズムを理解できるようになった。毎週の面会に訪れ，Aとの関係も好転している様子がうかがわれた。小学校3年になって，Aと実父母が家庭復帰を希望するようになった。

家庭復帰に関して施設が行う支援について，不適切なものを1つ選べ。

① 家庭復帰後の懸念される事態について児童相談所と話し合う。
② 実父母と子どもと一緒に，帰省や外泊の日程やルールなどを検討する。
③ 週末帰省中に，再び実父母からの虐待が認められた場合には，家庭復帰については再検討する。
④ 実父母が在住する市の要保護児童対策地域協議会でのケース検討会議の開催を，児童相談所を通して市に依頼する。
⑤ 家庭復帰後は，施設措置が解除となり，市の要保護児童対策地域協議会の監督下に入るため，施設からの支援は終了する。

まず，選択肢を眺めると，家庭復帰に関して児童養護施設が行う支援が書かれているが，④と⑤に要保護児童対策地域協議会が出てくるのが気になる。

虐待を受けて児童養護施設に入所中の子どもの退所に関して，①の措置した児童相談所と話し合うのは当然のことであり，①は適切である。②についてはすぐに退所させるのではなく，一時帰省や外泊を経る必要があるので，②は適切である。③の帰省中に虐待が認められたら，家庭復帰を再検討しなければならないので，③は適切である。

要保護児童対策地域協議会に関して，④の要保護児童対策地域協議会でのケース検討会議は，ケースを共有するために必要なことなので，④は適切である。⑤については児童養護施設のアフターケアの問題と関係してくることである。児童福祉法41条は，「児童養護施設は，保護者のない児童（中略），虐待されている児童その他環境上養護を要する児童を入所させて，これを養護し，あわせて退所した者に対する相談その他の自立のための援助を行うことを目的とする施設」と定義している。したがって，施設措置が解除されても施設からの支援が終了するわけではないので，⑤は不適切である。

選択肢の検討

① ×　適切。児童相談所と話し合うのは当然のことである。
② ×　適切。退所は一時帰省や外泊を経る必要がある。
③ ×　適切。帰省中に虐待が認められたら家庭復帰を再検討しなければならない。
④ ×　適切。要保護児童対策地域協議会でのケース検討会議は，ケースを共有するため必要なことである。
⑤ ○　不適切。退所後も施設からの支援（アフターケア）は続く。

解　答　⑤

【辰已法律研究所の出口調査に基づく正答率と肢別解答率データです】

参考 / 144 人肢別解答率 Data% by 辰已法律研究所				正答率 91.0%
肢1	肢2	肢3	肢4	肢5
2.8%	2.1%	0.7%	2.8%	91.0%

着 眼 点

児童養護施設を含む児童福祉施設にはどのようなものがあるか，その目的とともにまとめておく必要がある。児童福祉施設には，助産施設，乳児院，母子生活支援施設，保育所，幼保連携型認定こども園，児童厚生施設，児童養護施設，障害児入所施設，児童発達支援センター，児童心理治療施設，児童自立支援施設及び児童家庭支援センターがある。

2018.12－154

問 154　6歳の男児A。4歳のときに母親は継父と再婚し，その後，継父は母親とAに暴力を振るうようになった。5歳のときに，Aは継父からの暴力により腕と足首を骨折した。母親がAを病院に連れて行き，病院からの虐待通告後，継父は逮捕された。Aと母親は転居し，Aは保育所に通い始めた。Aは意欲が乏しく内気に見えるが，時折，別人のようになって他児に暴力を振るう。昼寝の時間は全く眠れず，家でも夜は何度も目を覚ます。乳幼児健康診査では何の問題も指摘されていなかった。

Aに考えられる心理的問題として，適切なものを2つ選べ。

① 心的外傷後ストレス障害
② 養育者との愛着形成の阻害
③ 支配的で暴力的なモデルの取り入れ
④ 保育所に入所したことによる心理的ストレス
⑤ 注意欠如多動症／注意欠如多動性障害〈AD/HD〉

2018.12－154　身体的虐待

問 154　6歳の男児A。4歳のときに母親は継父と再婚し，その後，継父は母親とAに暴力を振るうようになった。5歳のときに，Aは継父からの暴力により腕と足首を骨折した。母親がAを病院に連れて行き，病院からの虐待通告後，継父は逮捕された。Aと母親は転居し，Aは保育所に通い始めた。Aは意欲が乏しく内気に見えるが，時折，別人のようになって他児に暴力を振るう。昼寝の時間は全く眠れず，家でも夜は何度も目を覚ます。乳幼児健康診査では何の問題も指摘されていなかった。

Aに考えられる心理的問題として，適切なものを2つ選べ。

① 心的外傷後ストレス障害
② 養育者との愛着形成の阻害
③ 支配的で暴力的なモデルの取り入れ
④ 保育所に入所したことによる心理的ストレス
⑤ 注意欠如多動症／注意欠如多動性障害〈AD/HD〉

まず，選択肢を眺めると，①⑤は障害名であり，その他は状態を表していることがわかる。

4歳のときから少なくとも1年間は暴力的な継父と暮らした子どもの現在の様子である。とくに気になる症状は，「別人のようになって他児に暴力を振るう」「昼寝の時間は全く眠れず，家でも夜は何度も目を覚ます」である。前者は，防衛機制のひとつである取り入れ（摂取）と考えられる。すなわち，他者の価値観や外部の基準（本児の場合は継父の暴力）を自分のものとして取り入れ，自分の態度や行動の基準にしようとすることである。後者は，PTSD と関係したことと思われる。PTSD には基本的症状があり，このうち過覚醒には入眠困難（入眠が難しい，睡眠状態の持続が難しい）があり，これが当てはまると考えられる。以上のことから，①と③が適切である。なお，②も考えられるが，愛着障害としての状態についての記述がないので，②は適切でない（2018.12 問 64 参照）。

選択肢の検討

① ○
② × 母親とは愛着形成ができているように思われる。
③ ○
④ × 保育所入所のストレスではここまでの症状にはならない。
⑤ × AD/HD の症状はみられない。

解　答　①, ③

【辰已法律研究所の出口調査に基づく正答率と肢別解答率データです】

参考 / 144 人肢別解答率 Data% by 辰已法律研究所									正答率 73.6%
№181（解答欄）					№182（解答欄）				
肢1	肢2	肢3	肢4	肢5	肢1	肢2	肢3	肢4	肢5
86.8%	10.4%	0.7%	0.0%	0.7%	1.4%	10.4%	82.6%	4.2%	0.0%

着 眼 点

防衛機制についての理解が必要である。アンナ・フロイトは主要な防衛機制として，退行，抑圧，反動形成，分裂，打ち消し，投影，取り入れ，自己への向き換え（自虐），逆転，昇華の 10 種類を挙げている。

PTSD の基本的症状は，侵入症状，回避症状，思考や気分に対する悪影響，過覚醒などが挙げられる。侵入症状は，外傷体験が意図しない，望ましくない記憶，または繰り返す悪夢の形で何度も現れることをいう。出来事を単に思い出すのではなく，実際にその出来事が起こっているように再体験するフラッシュバックが起こる人もいる。回避症状は，トラウマを思い出させる物事（活動，状況，人物）を執拗に避けるようになることをいう。外傷体験について考えたり，感じたり，話したりするのを避けようとすることもある。思考や気分に対する悪影響としては，外傷体験の重要な部分が思い出せなくなることがある（解離性健忘）。感情が麻痺したり，自分が他者から切り離されたように感じることもある。うつ病もよくみられ，以前は楽しんでいたことに対する関心が薄れる。過覚醒は，入眠困難，易刺激性，集中困難の症状がみられることをいう。自分の反応をコントロールするのが難しくなり，無謀な行動をとったり，怒りを爆発させたりすることがある。

出典：MSDマニュアル家庭版　心的外傷後ストレス障害（PTSD）
https://www.msdmanuals.com/ja-jp/ホーム/10-心の健康問題/不安症とストレス関連障害/心的外傷後ストレス障害-（ptsd）?query=PTSD

2019−59

問 59　２歳の女児Ａ。母親が専業主婦であり，保育所には通所していない。母子関係は良好で安定しており，特にこれまで母親と父親のいずれからも身体的虐待などの不適切な養育を受けたことはない。しかし，最近，母親に対する父親の暴力が頻繁に生じるようになり，また，３歳の兄Ｂがささいなことで父親から激しい身体的虐待を受けるようになった。

今後，Ａに生じてくることが想定される心理的反応や親子関係について，最も適切なものを１つ選べ。

①　Ｂと助け合う行動が増える。

②　母子関係はその後も良好であり続ける。

③　父親に対して次第に怒りなどの敵対的な感情を表出するようになる。

④　頻繁に泣いたりぐずったりするなどの情緒面での動揺が激しくなる。

⑤　問題行動が生じる可能性はあるが，Ｂに比べれば，対応の必要性は低い。

2019−59　身体的虐待

問59　2歳の女児A。母親が専業主婦であり，保育所には通所していない。母子関係は良好で安定しており，特にこれまで母親と父親のいずれからも身体的虐待などの不適切な養育を受けたことはない。しかし，最近，母親に対する父親の暴力が頻繁に生じるようになり，また，3歳の兄Bがささいなことで父親から激しい身体的虐待を受けるようになった。

今後，Aに生じてくることが想定される心理的反応や親子関係について，最も適切なものを1つ選べ。

① Bと助け合う行動が増える。
② 母子関係はその後も良好であり続ける。
③ 父親に対して次第に怒りなどの敵対的な感情を表出するようになる。
④ 頻繁に泣いたりぐずったりするなどの情緒面での動揺が激しくなる。
⑤ 問題行動が生じる可能性はあるが，Bに比べれば，対応の必要性は低い。

まず，選択肢を眺めると，③④⑤は悪影響または問題行動が生じることを示している。

不適切と思われるものから取り上げると，①については2歳と3歳の子どもが助け合う行動をするのは困難であり，①は適切でない。また，②についてはDVを受けている母親が精神的に不安定なので，母子関係が良好であり続けるとは思えない。したがって，②は適切でない。

③④⑤のいずれが適切かを検討する。③については3歳の兄が学齢期に近づけば，父親に対して叩く・蹴るなどによって怒り・攻撃性を向けるかもしれないが，Aはおびえる・怖がることしかできないと思われるので，③は適切でない。⑤については3歳の兄Bが身体的虐待を受けているのでその影響は当然あるが，暴力を目撃しているAにも同じような悪影響が出るおそれがあるので，Aに対応する必要があり，⑤は適切でない。

④については，DVにさらされているので怖がったり，激しく泣いたりして，情緒面が動揺する可能性が高いので，④が適切である。

選択肢の検討

① ×　２歳と３歳の子どもが助け合う行動をするのは困難である。
② ×　DV を受けている母親が精神的に不安定なので，母子関係が良好であり続けるとは思えない。
③ ×　おびえる・怖がることしかできない。
④ ○
⑤ ×　暴力を目撃しているので，同じような悪影響が出るおそれがある。

解　答　④

【辰已法律研究所の出口調査に基づく正答率と肢別解答率データです】

参考 / 2121 人肢別解答率 Data% by 辰已法律研究所				正答率 94.8%
肢１	肢２	肢３	肢４	肢５
0.5%	0.2%	3.7%	94.8%	0.5%

着眼点

心理的虐待についての理解が必要である。文中に「最近，母親に対する父親の暴力が頻繁に生じるようになり，また，３歳の兄Bがささいなことで父親から激しい身体的虐待を受けるようになった」とあり，Aに対する身体的虐待は見られないが，面前 DV の状況にあるので，これは心理的虐待である。

心理的虐待には，言葉による脅しや無視，きょうだい間での差別的扱い，子どもの前で家族に対して暴力を振るう（DV）などが含まれる。

2019−72

問 72　14 歳の女子A，中学２年生。Aは母子家庭で育ったが，小学６年生のときに実母が再婚し，現在は継父を含めた三人家族である。ある日，Aの顔色が悪いため，友人がAを保健室に連れて行った。養護教諭がAから話を聞いたところ，Aは「あの人（継父）が夜中に部屋に入ってきて身体を触り，抱きついてくるから，家に帰りたくない」と語った。同時に「他の先生や親には絶対に言わないでほしい」と訴えた。養護教諭は重大な問題であるとAを諭し，教頭と校長に伝え，学校から児童相談所に通告をした。すぐに児童福祉司が学校でAと面談し，虐待の可能性が強いと判断し，Aを一時保護した。

現時点での児童相談所の対応として，適切でないものを１つ選べ。

①　Aの了解を得て，産婦人科医の診察を受けてもらう。

②　児童福祉司が，継父の性的虐待を処罰するために告訴することを勧める。

③　児童心理司による面接や一時保護所での行動観察を通して，被害の影響について調査，評価を行う。

④　司法面接で用いられる面接技法のトレーニングを受けた職員が被害状況を確認するための面接を行う。

⑤　児童福祉司が両親に対して，一時保護の理由，これからの見通し，保護者に不服審査請求の権利があることなどについて説明する。

2019－72　性的虐待

問72　14歳の女子A，中学2年生。Aは母子家庭で育ったが，小学6年生のときに実母が再婚し，現在は継父を含めた三人家族である。ある日，Aの顔色が悪いため，友人がAを保健室に連れて行った。養護教諭がAから話を聞いたところ，Aは「あの人（継父）が夜中に部屋に入ってきて身体を触り，抱きついてくるから，家に帰りたくない」と語った。同時に「他の先生や親には絶対に言わないでほしい」と訴えた。養護教諭は重大な問題であるとAを諭し，教頭と校長に伝え，学校から児童相談所に通告をした。すぐに児童福祉司が学校でAと面談し，虐待の可能性が強いと判断し，Aを一時保護した。

現時点での児童相談所の対応として，適切でないものを1つ選べ。

① Aの了解を得て，産婦人科医の診察を受けてもらう。
② 児童福祉司が，継父の性的虐待を処罰するために告訴することを勧める。
③ 児童心理司による面接や一時保護所での行動観察を通して，被害の影響について調査，評価を行う。
④ 司法面接で用いられる面接技法のトレーニングを受けた職員が被害状況を確認するための面接を行う。
⑤ 児童福祉司が両親に対して，一時保護の理由，これからの見通し，保護者に不服審査請求の権利があることなどについて説明する。

まず，選択肢を眺めて，適切な対応と思われるものを選ぶことから始める。それは③④⑤である。

③については，一時保護の目的の1つが行動観察であり，児童心理司による面接も必要である。ただし，面接にはかなりの配慮が必要であるし，情報収集は1度で済ませなければならない。④の司法面接は，精度の高い面接法なので，この面接が可能であればより適切な対応である。⑤の一時保護の目的や見通しの説明は必要なことであり，同時に保護者には不服審査請求の権利があることも伝える必要がある。

残る①②であるが，①は情報収集により性行為があれば，あるいはそれが疑われる場合は，本人の了解を得た上で，産婦人科医の診察を受けてもらうことが必要である。②については，児童福祉司は一時保護の理由やこれからの見通しなどを説明しても，告訴することを勧める機関ではない。それを判断し決めるのは保護者（実母）であるが，この件を実母がどのように考えるかわからない。児童相談所は，あくまでも相談を受け助言するという立場である。したがって，②が適切でない。

選択肢の検討

① × 適切。産婦人科医の診察を受けることも必要なことである。
② ○ 不適切。児童相談所は相談助言をするところで，告訴処罰を勧める機関ではない。
③ × 面接や行動観察は必要なことである。
④ × 適切。精度の高い面接法なので適切な対応である。
⑤ × 適切。一時保護の目的やこれからの見通しなどの説明は必要なことである。

解 答 ②

【辰巳法律研究所の出口調査に基づく正答率と肢別解答率データです】

参考 / 2121 人肢別解答率 Data% by 辰巳法律研究所				正答率 92.2%
肢1	肢2	肢3	肢4	肢5
2.9%	92.2%	0.2%	3.2%	1.3%

着眼点

性的虐待は，「児童にわいせつな行為をすること又は児童をしてわいせつな行為をさせること」(児童虐待の防止等に関する法律２条２項）である。具体的には，性的暴行や児童に対するわいせつな行為をいい，子どもへの性交，性的暴行，性的行為の強要・示唆など，性器や性交を見せる，ポルノグラフィーの被写体などに子どもを強要する，が挙げられる。

司法面接とは，「法廷でも使用することのできる，精度の高い供述証拠を聴取することをめざした面接法の総称」である。司法面接は，社会的弱者の負担を軽減することを目的としているという側面から，諸外国では司法と福祉（例：警察官とソーシャルワーカー）が他職種連携チームを組み，1度で必要な情報を収集することが行われている。ただし，面接は訓練を受けた面接官が行い，チームの他のメンバーはモニター室で面接を視聴するのが通例である。立会人の影響を防ぐために，通訳が入る場合を例外として面接者と被面接者が一対一で行うのである。

出典：仲真紀子　コトバンク「最新心理学事典」司法面接
https://kotobank.jp/word/司法面接-883307

2019－143

問 143　13 歳の男子Ａ，中学１年生。Ａは両親と２つ上の兄Ｂと暮らしている。両親は，ＡとＢが幼い頃から，多くの学習塾に通わせるなどして中学受験を目指させた。Ｂは志望校に合格したが，Ａは不合格であった。両親は「お前は出来そこないだ。これからは死ぬ気で勉強しろ」とＡを繰り返しなじった。次第に両親は「お前はＢとは違って負け犬だ。負け犬の顔など見たくない」と言い，Ａに別室で一人で食事をさせたり，小遣いを与えなかったりし始めた。

両親の行為は虐待種別の何に当たるか，最も適切なものを１つ選べ。

①　教育的虐待
②　経済的虐待
③　身体的虐待
④　心理的虐待
⑤　ネグレクト

2019−143　心理的虐待

問143　13歳の男子A，中学1年生。Aは両親と2つ上の兄Bと暮らしている。両親は，AとBが幼い頃から，多くの学習塾に通わせるなどして中学受験を目指させた。Bは志望校に合格したが，Aは不合格であった。両親は「お前は出来そこないだ。これからは死ぬ気で勉強しろ」とAを繰り返しなじった。次第に両親は「お前はBとは違って負け犬だ。負け犬の顔など見たくない」と言い，Aに別室で一人で食事をさせたり，小遣いを与えなかったりし始めた。

両親の行為は虐待種別の何に当たるか，最も適切なものを1つ選べ。

①　教育的虐待
②　経済的虐待
③　身体的虐待
④　心理的虐待
⑤　ネグレクト

まず，選択肢を眺めると，すべて虐待の種別であることがわかる。

事例を読めばすぐわかる易しい問題である。繰り返しなじる言葉の暴力と，きょうだい間で差別的に扱うことは，心理的虐待である。したがって，④が適切である。

児童虐待の種別は，身体的虐待，ネグレクト，性的虐待，心理的虐待の4つに分けられている。すなわち，③④⑤は含まれている。しかし，②経済的虐待は高齢者虐待やDVで使われている種別である。これに対して，①教育的虐待という用語は公的な種別としては使われていない。教育熱心な親が，能力以上の過度な期待を子どもに背負わせて，親の期待以上の結果が得られなければ，叱責，暴行などの虐待をすることである。子どもの人権を無視し，社会通念上許される範ちゅうを逸脱して勉学や習い事などを無理強いさせるものである。

選択肢の検討

①　×　公的な種別として使われていない。
②　×　児童虐待で使われている種別ではない。
③　×　身体的虐待ではない。
④　○
⑤　×　ネグレクトではない。

解　答　④

【辰已法律研究所の出口調査に基づく正答率と肢別解答率データです】

参考 / 2121 人肢別解答率 Data% by 辰已法律研究所				正答率 96.5%
肢1	肢2	肢3	肢4	肢5
2.2%	0.2%	0.0%	96.5%	0.8%

着 眼 点

最近の心理的虐待の増加に着目する必要がある。平成23年度までは，1位身体的虐待，2位ネグレクト，3位心理的虐待の順に割合が多かったが，平成24年度は，1位身体的虐待，2位心理的虐待，3位ネグレクトの順になり，平成25年度以降は，1位心理的虐待，2位身体的虐待，3位ネグレクトの順に変わっている。

ネグレクトの1つに医療ネグレクトというのがあるが，保護者が子どもに必要な医療を受診させないことをいう。治療を受けないと子どもの生命・身体・精神に重大な影響が及ぶ可能性が高いにもかかわらず，保護者が治療に同意しなかったり，治療を受けさせる義務を怠ったりする状況のことである。医療ネグレクトについては，厚生労働省より以下のような通知が出されている。

厚生労働省雇用均等・児童家庭局総務課長名による通知「医療ネグレクトにより児童の生命・身体に重大な影響がある場合の対応について」平成 20 年 3 月 31 日

厚生労働省雇用均等・児童家庭局総務課長名による通知「医療ネグレクトにより児童の生命・身体に重大な影響がある場合の対応について」平成 24 年 3 月 9 日

cf. 厚生労働省「令和元年度児童相談所での児童虐待相談対応件数」児童相談所での虐待相談の内容別件数の推移
https://www.mhlw.go.jp/content/000696156.pdf

2019－144

問 144　9歳の男児A，小学2年生。Aは実母と継父との三人暮らしであったが，ネグレクトと継父からの身体的虐待のため，児童相談所に一時保護された。入所当初は，いつもきょろきょろと周囲をうかがっていて落ち着かず，夜は悪夢でうなされることが多かった。入所1週間後の就寝時，男性指導員がAを居室に連れて行こうとして手を取ったところ，急に大声で叫び，周辺にあるものを放り投げ，頭を壁に打ち付け始めた。男性指導員はAに落ち着くよう促したが，なかなか行動が鎮まらなかった。しばらくして行動は止んだが，無表情となって，立ちすくんだままであった。声をかけるとようやく頷いた。

Aの行動の解釈として，最も適切なものを1つ選べ。

① 男性指導員への試し行動
② フラッシュバックによる混乱
③ 慣れない生活の場での情緒の混乱
④ 抑圧されていた攻撃的感情の表出
⑤ 反抗挑戦性障害にみられる権威者に対する反発

2019−144　衝動制御困難

問144　9歳の男児A，小学2年生。Aは実母と継父との三人暮らしであったが，ネグレクトと継父からの身体的虐待のため，児童相談所に一時保護された。入所当初は，いつもきょろきょろと周囲をうかがっていて落ち着かず，夜は悪夢でうなされることが多かった。入所1週間後の就寝時，男性指導員がAを居室に連れて行こうとして手を取ったところ，急に大声で叫び，周辺にあるものを放り投げ，頭を壁に打ち付け始めた。男性指導員はAに落ち着くよう促したが，なかなか行動が鎮まらなかった。しばらくして行動は止んだが，無表情となって，立ちすくんだままであった。声をかけるとようやく頷いた。

Aの行動の解釈として，最も適切なものを1つ選べ。

① 男性指導員への試し行動
② フラッシュバックによる混乱
③ 慣れない生活の場での情緒の混乱
④ 抑圧されていた攻撃的感情の表出
⑤ 反抗挑戦性障害にみられる権威者に対する反発

まず，選択肢を眺めると，Aの行動が男性指導員を意識したものかそうでないものかに分けることができる。意識した行動としては，①男性指導員への試し行動，⑤反抗挑戦性障害にみられる権威者に対する反発である。それに対して，②フラッシュバックによる混乱，④抑圧されていた攻撃的感情の表出の二つは，意識しなくても急に生じ得るものである。

事例を読むと，Aの行動は「男性指導員がAを居室に連れて行こうとして手を取ったところ」ということがきっかけで生じていることがわかる。すなわち，Aが意識して起こした行動ではなく，突然起こったことである。したがって，わざと怒られるようなことをする試し行動（①）ではなく，イライラしやすく権威者に対する反発（⑤）でもない。また，慣れない生活の場での情緒の混乱（③）としては，行動が激しすぎる。したがって，①③⑤は適切でない。

以上のことから，②と④の二つに絞られる。男性指導員に手を取られてとき，おそらく過去にも同じようなことがあったため虐待する継父が想起され，激しい恐怖に襲われたものと理解される。また，Aが悪夢でうなされたのも，外傷的出来事を繰り返し再体験していたのであろう。

抑圧された攻撃的感情の表出（④）も考えられるが，フラッシュバックによる混乱（②）が最も適切なので，②が正解である。

選択肢の検討

① ×　わざと怒られるようなことをしているのではない。
② ○
③ ×　もっと激しい恐怖感や無力感による混乱である。
④ ×　これも考えられるが②のほうが適切である。
⑤ ×　権威者に対する反発ではない。

解　答　②

【辰巳法律研究所の出口調査に基づく正答率と肢別解答率データです】

参考 / 2121 人肢別解答率 Data% by 辰巳法律研究所				正答率 90.7%
肢1	肢2	肢3	肢4	肢5
0.7%	90.7%	1.9%	6.0%	0.4%

着 眼 点

フラッシュバック（flashback）は，PTSD（Post Traumatic Stress Disorder）の代表的な症状の一つであり，当人を襲った事故・事件・犯罪などの事象の一部またはその全体の記憶が突然鮮明に蘇ったり，夢に見たりするような現象をさす。単なる過去の経験の想起とは異なる（PTSD の種々の症状については，2018.12 問 154 を参照のこと）。

2019－147

問 147　75 歳の女性A。Aは相談したいことがあると精神保健福祉センターに来所し，公認心理師が対応した。Aは，45 歳の長男Bと二人暮らしで，Bは覚醒剤の自己使用により保護観察付執行猶予中だという。「最近，Bが私の年金を勝手に持ち出して使ってしまうようになった。そのため生活費にも事欠いている。財布からお金が何度もなくなっているし，Bの帰りが遅くなった。Bは覚醒剤を使用しているのではないか。Bに恨まれるのが怖くて保護司に言えないでいる。Bを何とかしてくれないか」との相談であった。

公認心理師の対応として，最も適切なものを１つ選べ。

①　高齢者虐待のおそれがあるとして，市町村に通報する。

②　Aの話が本当かどうかを確認するため，しばらく継続して来所するよう提案する。

③　Bの行為について，高齢者虐待防止法違反として，警察に通報し立件してもらう。

④　Bが覚醒剤を使用している可能性が高いので，対応してもらうよう保護観察所に情報を提供する。

⑤　Bの行為は高齢者虐待に該当しないため，覚醒剤乱用の疑いがあるとして，Aから担当保護司に相談するよう助言する。

（注：「高齢者虐待防止法」とは，「高齢者虐待の防止，高齢者の養護者に対する支援等に関する法律」である。）

2019−147　高齢者虐待

問147　75歳の女性A。Aは相談したいことがあると精神保健福祉センターに来所し，公認心理師が対応した。Aは，45歳の長男Bと二人暮らしで，Bは覚醒剤の自己使用により保護観察付執行猶予中だという。「最近，Bが私の年金を勝手に持ち出して使ってしまうようになった。そのため生活費にも事欠いている。財布からお金が何度もなくなっているし，Bの帰りが遅くなった。Bは覚醒剤を使用しているのではないか。Bに恨まれるのが怖くて保護司に言えないでいる。Bを何とかしてくれないか」との相談であった。

公認心理師の対応として，最も適切なものを1つ選べ。

① 高齢者虐待のおそれがあるとして，市町村に通報する。
② Aの話が本当かどうかを確認するため，しばらく継続して来所するよう提案する。
③ Bの行為について，高齢者虐待防止法違反として，警察に通報し立件してもらう。
④ Bが覚醒剤を使用している可能性が高いので，対応してもらうよう保護観察所に情報を提供する。
⑤ Bの行為は高齢者虐待に該当しないため，覚醒剤乱用の疑いがあるとして，Aから担当保護司に相談するよう助言する。

（注：「高齢者虐待防止法」とは，「高齢者虐待の防止，高齢者の養護者に対する支援等に関する法律」である。）

まず，選択肢を眺めると，高齢者虐待（①③）と覚醒剤使用（乱用）（④⑤）という言葉が目を引く。事例を読むと，明らかに経済的虐待である。そこで，②「Aの話が本当かどうかを確認する」ために先延ばしする必要はなく，虐待のおそれがある場合はすぐに対応すべきである（高齢者虐待防止法7条2項）。

覚醒剤使用については確証がないので，年金の使途を調べるなかでそれが明らかになれば，警察が関与することになる。したがって，覚醒剤のことは高齢者虐待の通報後のことである。また，④の保護観察所や⑤保護司に相談できたとしても，「Bに恨まれるのが怖くて保護司に言えないでいる」とあるように，相談したことをBに知られたらAの身に危険が及ぶことが考えられるので，適切な対応ではない。

以上のことから，虐待の通報先は③の警察ではなく市町村なので，①が適切である。

選択肢の検討

① ○
② × 虐待のおそれでもすぐに対応すべきである。
③ × 虐待の通報先は市町村である。
④ × 覚せい剤使用の確証がない。
⑤ × 「Bに恨まれるのが怖くて保護司に言えないでいる」ので無理な助言である。

解答 ①

【辰巳法律研究所の出口調査に基づく正答率と肢別解答率データです】

参考 / 2121 人肢別解答率 Data% by 辰巳法律研究所				正答率 47.4%
肢1	肢2	肢3	肢4	肢5
47.4%	15.4%	2.7%	23.1%	11.1%

着眼点

本事例問題の選択肢を選んだ割合は，①47.4%を除くと②④⑤に 10～30%で分散されていて，解答に迷う問題であることが分かる。ただし，事例を読むと高齢者虐待のうち経済的虐待は事実（と思われること）であり，覚醒剤の使用は推測である。経済的虐待は，「最近，Bが私の年金を勝手に持ち出して使ってしまうようになった。そのため生活費にも事欠いている」ということが根拠として挙げられる。しかし，覚醒剤の使用は，「財布からお金が何度もなくなっているし，Bの帰りが遅くなった」ということなので，根拠としては弱いものである。したがって，推測よりも事実（と思われること）を重視して，高齢者虐待に対応する必要がある。

3　不登校・登校渋り関連の事例問題

2018.09−61

問61　10歳の女児A，小学4年生。小学校への行きしぶりがあり，母親に伴われて教育相談室に来室した。母親によると，Aは学習にも意欲的で，友達ともよく遊んでいる。母親をよく手伝い，食前に食器を並べることは必ず行うので感心している。幼児期は泣くことも要求も少ない，手のかからない子どもだった。Aに聞くと，音読が苦手であり，予習はするが授業中うまく音読ができず，緊張して瞬きが多くなり，最近では家でも頻繁に瞬きをしてしまうという。また「友達には合わせているが，本当は話題が合わない」と話す。

　Aの見立てと対応として，最も適切なものを1つ選べ。

①　チック症状がみられるため，専門医への受診を勧める。
②　うつ状態が考えられるため，ゆっくり休ませるよう指導する。
③　発達障害の重複が考えられるため，多面的なアセスメントを行う。
④　発達障害が考えられるため，ソーシャルスキルトレーニング〈SST〉を行う。
⑤　限局性学習症／限局性学習障害〈SLD〉が考えられるため，適切な学習方法を見つける。

2018.09－61　発達障害

問61　10歳の女児A，小学4年生。小学校への行きしぶりがあり，母親に伴われて教育相談室に来室した。母親によると，Aは学習にも意欲的で，友達ともよく遊んでいる。母親をよく手伝い，食前に食器を並べることは必ず行うので感心している。幼児期は泣くことも要求も少ない，手のかからない子どもだった。Aに聞くと，音読が苦手であり，予習はするが授業中うまく音読ができず，緊張して瞬きが多くなり，最近では家でも頻繁に瞬きをしてしまうという。また「友達には合わせているが，本当は話題が合わない」と話す。

Aの見立てと対応として，最も適切なものを1つ選べ。

① チック症状がみられるため，専門医への受診を勧める。
② うつ状態が考えられるため，ゆっくり休ませるよう指導する。
③ 発達障害の重複が考えられるため，多面的なアセスメントを行う。
④ 発達障害が考えられるため，ソーシャルスキルトレーニング〈SST〉を行う。
⑤ 限局性学習症／限局性学習障害〈SLD〉が考えられるため，適切な学習方法を見つける。

まず，選択肢を眺めると，①専門医への受診，②ゆっくり休ませる，③多面的なアセスメント，④ソーシャルスキルトレーニング，⑤適切な学習方法，と簡略化することができる。

本事例には，多様な症状が見られる。「小学校への行きしぶりがあり」「音読が苦手であり」「緊張して瞬きが多くなり」「（友達と）話題が合わない」等であり，どれがキーワードになるのか決めるのが難しい。そこで，見立てを見ると，①チック症状，②うつ状態，③発達障害の重複，④発達障害，⑤限局性学習症であり，②うつ状態はみられないので当てはまらない。目に付くのは音読が苦手ということで読字障害と判断され，学習障害が疑われるが，断定はできない。

幼児期から手のかからない子で，すでにその頃から「良い子」だったと思われる。現在も家ではよく手伝いをし，学校では友達に合わせて，良い子を演じているが，かなり無理しているのであろう。きっかけは授業中の音読であるが，瞬きというチック症状が家庭でもみられるようになっている。

以上のように，登校渋り，読字障害，チック症状という多様な症状を理解するために，まずは多面的なアセスメントを行う必要がある（③）。

それがあって，ソーシャルスキルトレーニングを行ったり（④），適切な学習方法をみつけたりすること（⑤）につながるのである。チック症状については，できるだけリラックスさせるようにして，自分の意思を出させるような関わり方が必要である。登校渋りは，自分の意思を出しているととらえることもできる。チック症状がさらに悪化するようであれば，専門医への受診も考えられる（①）。

選択肢の検討

① ×　様子を見て，専門医への受診を考える。
② ×　うつ状態はみられない。
③ ○
④ ×　アセスメント後に必要であれば行う。
⑤ ×　アセスメント後に考える。

解　答　③

【辰巳法律研究所の出口調査に基づく正答率と肢別解答率データです】

参考 / 5961 人肢別解答率 Data% by 辰巳法律研究所				正答率 69.4%
肢1	肢2	肢3	肢4	肢5
17.4%	0.3%	69.4%	0.1%	12.8%

着 眼 点

学習障害の変遷について理解しておく必要がある。学習障害は，単一の障害ではなく様々な状態が含まれる。「言語性 LD」「非言語性 LD」に大別されていたが，現在は用いられなくなってきている。DSM-Ⅳ-TR では学習障害（Learning Disabilities）と呼び，算数障害，読字障害，書字表出障害，特定不能の学習障害と細分されていた。DSM-5では，限局性学習症／限局性学習障害と呼ぶ。DSM-Ⅳ-TRで細分していた障害は，包括され重なる病態（スペクトラム）として再定義された限局性学習障害の形態となり，読み，書き，計算という領域を示す識別語を付加して示されるものとなった。また，重症度を軽度・中度・重度の3段階に評価するようになった。

2018.09－70

問 70　42 歳の女性Ａ。Ａは中学２年生の息子Ｂの不登校について相談するために，スクールカウンセラーを訪ねた。中学１年生のときの欠席は年１日程度で部活動もしていたが，中学２年生の５月の連休過ぎから休みがちとなり，１か月以上欠席が続いている。Ｂは休みがちになってから家での会話も少なく，部屋にこもりがちで表情は乏しいが，食事や睡眠はとれている様子である。学校に行けない理由をＡがＢに聞くと，うるさがり言い争いになる。担任教師がＢに電話を掛けてきても出ようとせず，Ａは「どう対応していいか全く分かりません」と話した。

スクールカウンセラーの対応として，まず行うべきものを１つ選べ。

①　教育支援センターの利用を強く勧める。

②　「お宅に伺ってＢ君と話してみましょう」と提案する。

③　Ａの苦労をねぎらった上で，Ｂの現在の様子を詳しく聴く。

④　Ａのこれまでの子育てに問題があるのではないかと指摘し，Ａに改善策を考えさせる。

⑤　「思春期にはよくあることですから，そのうちに学校に行くようになりますよ」と励ます。

2018.09−70　教育関係者へのコンサルテーション

問70　42歳の女性A。Aは中学2年生の息子Bの不登校について相談するために，スクールカウンセラーを訪ねた。中学1年生のときの欠席は年1日程度で部活動もしていたが，中学2年生の5月の連休過ぎから休みがちとなり，1か月以上欠席が続いている。Bは休みがちになってから家での会話も少なく，部屋にこもりがちで表情は乏しいが，食事や睡眠はとれている様子である。学校に行けない理由をAがBに聞くと，うるさがり言い争いになる。担任教師がBに電話を掛けてきても出ようとせず，Aは「どう対応していいか全く分かりません」と話した。

スクールカウンセラーの対応として，まず行うべきものを1つ選べ。

① 教育支援センターの利用を強く勧める。
② 「お宅に伺ってB君と話してみましょう」と提案する。
③ Aの苦労をねぎらった上で，Bの現在の様子を詳しく聴く。
④ Aのこれまでの子育てに問題があるのではないかと指摘し，Aに改善策を考えさせる。
⑤ 「思春期にはよくあることですから，そのうちに学校に行くようになりますよ」と励ます。

まず，選択肢を眺めると，①利用を勧める，②訪問を提案する，③ねぎらって聴く，④指摘して考えさせる，⑤説明して励ます，と簡略化することができる。

本事例は，中学2年生の息子の不登校について母親からの相談で，スクールカウンセラーがまず行うべきことを問うものである。5月の連休過ぎから休みがちとなり，1か月以上欠席が続いている。学校に行けない理由は不明である。母親は「どう対応していいか全くわかりません」と困り果てた状況である。

以上のようなケースの初期対応は，どこかの利用を勧めたり（①），いきなり家庭訪問したり（②）せずに，子どもの様子をもう少し詳しく聴く（③）ことである。その際，母親の苦労をねぎらう受容的態度で接し，子育ての問題点を指摘する（④）といった批判的態度にならないようにすることが肝要である。また，「そのうち学校に行くようになりますよ」といった安易な励まし（⑤）も禁物である。

以上のことから，③が適切であり，①②④⑤は適切でない。

選択肢の検討

① ×　その後の状況によって,「強く勧める」というよりは「紹介する」ということである。
② ×　知らない人が来れば警戒するであろうし，安易に家庭訪問の提案はしないようにする。
③ ○
④ ×　批判的態度にならないように注意する。
⑤ ×　安易な助言は禁物である。

解　答　③

【辰巳法律研究所の出口調査に基づく正答率と肢別解答率データです】

参考 / 5961 人肢別解答率 Data% by 辰巳法律研究所				正答率 99.1%
肢 1	肢 2	肢 3	肢 4	肢 5
0.1%	0.5%	99.1%	0.2%	0.0%

着 眼 点

不登校の子どもにとって居場所づくりは大事なことである。その1つが，教育支援センターである。

不登校が長期化した児童生徒に対し，その学校復帰を支援するために相談, 指導に携わる施設が適応指導教室である。1990 年に事業が始まり, 2003 年から正式名称を教育支援センターとした。

子どもは従来通っていた学校に籍を置きながら教育支援センターに通い，教科学習や運動，創作体験などを通じて，学校や社会への復帰を目ざす。なお，教育支援センターに通った日数は，在籍校の出席日数として扱われる。

2018.09－139

問 139　15 歳の男子Ａ，中学３年生。Ａは不登校と高校進学の相談のため教育相談室に来室した。Ａはカウンセリングを受けることに対して否定的であった。「カウンセリングに行かないと親に小遣いを減らされるので来た。中学校に行けないことについてはもう諦めている。通信制高校に進みたいが，親が普通高校へ行けと言うので頭にくる。毎日一人で部屋で過ごしているのは退屈なので友達と遊びに行きたいが，自分からは連絡できない」と言う。実際には，中学校の生徒に見られることを恐れて，近所のコンビニにも行けない状態だった。

作業同盟を構築するためのカウンセラーの最初の対応として，最も適切なものを１つ選べ。

① カウンセリングがどのようなものかＡに分かるように説明する。
② 通信制高校に合格するという目的を達成するために継続的な来室を勧める。
③ Ａと親のどちらにも加担しないように中立的な立場をとることを心掛ける。
④ 外に出るのを恐れているにもかかわらず，教育相談室に来られたことを肯定してねぎらう。
⑤ カウンセリングに行かないと小遣いを減らすと親から言われていることに「ひどいですね」と共感する。

2018.09−139　作業同盟

問 139　15 歳の男子Ａ，中学３年生。Ａは不登校と高校進学の相談のため教育相談室に来室した。Ａはカウンセリングを受けることに対して否定的であった。「カウンセリングに行かないと親に小遣いを減らされるので来た。中学校に行けないことについてはもう諦めている。通信制高校に進みたいが，親が普通高校へ行けと言うので頭にくる。毎日一人で部屋で過ごしているのは退屈なので友達と遊びに行きたいが，自分からは連絡できない」と言う。実際には，中学校の生徒に見られることを恐れて，近所のコンビニにも行けない状態だった。

作業同盟を構築するためのカウンセラーの最初の対応として，最も適切なものを１つ選べ。

① カウンセリングがどのようなものかＡに分かるように説明する。
② 通信制高校に合格するという目的を達成するために継続的な来室を勧める。
③ Ａと親のどちらにも加担しないように中立的な立場をとることを心掛ける。
④ 外に出るのを恐れているにもかかわらず，教育相談室に来られたことを肯定してねぎらう。
⑤ カウンセリングに行かないと小遣いを減らすと親から言われていることに「ひどいですね」と共感する。

まず，選択肢を眺めると，その要旨は，①カウンセリングについて説明する，②継続的な来室を勧める，③中立的な立場をとることを心掛ける，④来室したことを肯定してねぎらう，⑤親を非難しＡに共感する，である。

本事例は，カウンセリングに否定的な中学生に対して，どのように動機づけをしてラポール（信頼関係）を形成するかということであり，それがキーワードである。5つの選択肢のうち，⑤以外は必要なことである。⑤はカウンセラーが親を非難してＡに共感しているのは，カウンセリングで基本的な中立性から逸脱している。

ラポールを形成しやすいのは，Ａの準拠枠に沿って共感することである。ここでは，友達と遊びに行きたいけど，周囲の目が怖くて外にすら出られない。しかし，親に言われて仕方なくだけど，来室したことはかなり勇気のいることだったはずである。そのことを認めることが，今後の来室への動機づけになると思われる。よって，④が適切である。

選択肢の検討

① ×　インフォームド・コンセントは必要なことであるが，まずはラポールの形成である。
② ×　目的の設定に問題がある。
③ ×　カウンセリングにとって基本的なことであるが，まずはラポールの形成である。
④ ○
⑤ ×　どちらかの立場に立ちすぎると中立性を保てない。

解　答　④

【辰已法律研究所の出口調査に基づく正答率と肢別解答率データです】

参考 / 5961 人肢別解答率 Data% by 辰已法律研究所				正答率 85.8%
肢1	肢2	肢3	肢4	肢5
9.3%	2.8%	1.3%	85.8%	0.8%

着眼点

カウンセラーの中立性とは何か。まず，作業同盟とは転移及び逆転移に巻き込まれずに治療を進めるためのカウンセラーとクライエントの関係性のことをいう。ここで，転移とはカウンセリングの中でクライエントがカウンセラーに対して過去の欲求，感情，あるいは葛藤を示すことである。また，逆転移とはクライエントが示す転移に対してカウンセラーが感情的な反応を示すことである。

カウンセラーの中立性とは，転移・逆転移を常に意識し，それらに巻き込まれず冷静にコントロールしようとする態度のことである。しかし，現実的には常に中立性を保つことは困難である。したがって，中立性を保つ努力をする中で，中立性が崩れてしまったことに早く気づき，それが引き起こされたことの理解を深め，介入の糸口にすることが大事なのである。

2018.12－67

問 67　14 歳の女子A，中学2年生。Aの母親Bは，Aの不登校について相談するために，中学校のスクールカウンセラーを訪ねてきた。Aは，朝に体調不良を訴えて2週間ほど欠席が続くようになった。Bが理由を聞いてもAは話したがらず，原因について分からない状態が続いていると，Bは家庭での様子を説明した。学習の遅れも心配で，Aに対して登校を強く促す方が良いのか，黙って見守った方が良いのか判断がつかない。「担任教師の心証を悪くしたくないので，まずは担任教師に内緒で家庭訪問をしてAの気持ちを聴いてほしい」とBから依頼された。

このときのスクールカウンセラーの対応として，最も適切なものを1つ選べ。

①　Aが希望すれば家庭訪問をすると説明する。
②　管理職と相談して家庭訪問について検討する。
③　Aの様子を聴き，医療機関で検査や治療を受けるよう勧める。
④　「心配しなくて大丈夫です。そのうち解決しますよ」と励まし面談を終了する。
⑤　理由がはっきりしないのであれば，学校に行くよう促した方が良いと助言する。

2018.12−67　不登校

問67　14歳の女子A，中学2年生。Aの母親Bは，Aの不登校について相談するために，中学校のスクールカウンセラーを訪ねてきた。Aは，朝に体調不良を訴えて2週間ほど欠席が続くようになった。Bが理由を聞いてもAは話したがらず，原因について分からない状態が続いていると，Bは家庭での様子を説明した。学習の遅れも心配で，Aに対して登校を強く促す方が良いのか，黙って見守った方が良いのか判断がつかない。「担任教師の心証を悪くしたくないので，まずは担任教師に内緒で家庭訪問をしてAの気持ちを聴いてほしい」とBから依頼された。

　このときのスクールカウンセラーの対応として，最も適切なものを1つ選べ。

①　Aが希望すれば家庭訪問をすると説明する。
②　管理職と相談して家庭訪問について検討する。
③　Aの様子を聴き，医療機関で検査や治療を受けるよう勧める。
④　「心配しなくて大丈夫です。そのうち解決しますよ」と励まし面談を終了する。
⑤　理由がはっきりしないのであれば，学校に行くよう促した方が良いと助言する。

まず，選択肢を眺めると，①家庭訪問を説明する，②家庭訪問を検討する，③医療機関を勧める，④励まして面談を修了する，⑤学校に行くよう助言する，と簡略化できることがわかる。

本事例問題は，キーワードを見つけにくく判断が難しい。そこで，明らかに誤っているものとして，④安易な励ましで終了しても，問題が解決するとは思えない。また，⑤理由がはっきりしないのに登校を促せば，かえって問題を長引かせることになるであろう。したがって，④⑤は適切でない。

①②は家庭訪問についての是非であるが，この家庭訪問がキーワードであろう。①子どもが希望（同意）すれば家庭訪問をすることは可能であるが，スクールカウンセラーだけで決められることではない。また，②担任に内緒で家庭訪問をすることは，かえって担任の心証を悪くすることが考えられるので，管理職と相談し検討することは必要である。したがって，①は適切でなく，②が適切である。

一方，体調不良を訴えて2週間ほど欠席が続いたということなので，体に異常がないかを調べるため，③医療機関で検査や治療を受けるよう勧めることも必要であるが，そのことは母親からの依頼に答えていない。したがって，③は適切でない。

選択肢の検討

① × 家庭訪問はスクールカウンセラーだけで決められることではない。
② ○
③ × 医療機関で検査や治療を受けるよう勧めることは母親からの依頼と別問題である。
④ × 安易な励ましは控えるべきである。
⑤ × 理由がはっきりしないので登校催促をしないほうがいい。

解　答　②

【辰已法律研究所の出口調査に基づく正答率と肢別解答率データです】

参考 / 144 人肢別解答率 Data% by 辰已法律研究所				正答率 82.6%
肢1	肢2	肢3	肢4	肢5
8.3%	82.6%	8.3%	0.0%	0.0%

着眼点

スクールカウンセラーの役割についてまとめておく必要がある。スクールカウンセラーが行うサポートは，次のようなことである。

・児童生徒や保護者へのカウンセリング
・教職員へのコンサルテーション
・児童生徒の学校生活の行動観察

扱う相談内容は，不登校，発達の課題，人間関係のトラブル，家庭の悩みなどである。

2018.12－70

問 70　15 歳の女子A，中学3年生。8歳で発達障害と診断されたが，Aの保護者はその診断を受け入れられず，その後Aを通院させていなかった。Aはクラスメイトとのトラブルが続き，半年前から学校への行きしぶりが続いている。Aの保護者は，学校のAに対する対応に不満を持ち，担任教師Bに協力的な姿勢ではなかった。Bの依頼を受けた公認心理師であるスクールカウンセラーが介入することになった。

A，Aの保護者及びBに対する支援として，不適切なものを1つ選べ。

① Aに適した指導案をBに指示する。
② 学校に対するAの保護者の気持ちを受け止める。
③ 学校全体で対応する視点を持つようにBに助言する。
④ Aの保護者とBに一般的な発達障害の特性について説明する。
⑤ Aの保護者にAの医療機関への受診を検討するように勧める。

2018.12－70　発達障害

問70　15歳の女子A，中学3年生。8歳で発達障害と診断されたが，Aの保護者はその診断を受け入れられず，その後Aを通院させていなかった。Aはクラスメイトとのトラブルが続き，半年前から学校への行きしぶりが続いている。Aの保護者は，学校のAに対する対応に不満を持ち，担任教師Bに協力的な姿勢ではなかった。Bの依頼を受けた公認心理師であるスクールカウンセラーが介入することになった。

A，Aの保護者及びBに対する支援として，不適切なものを1つ選べ。

① Aに適した指導案をBに指示する。
② 学校に対するAの保護者の気持ちを受け止める。
③ 学校全体で対応する視点を持つようにBに助言する。
④ Aの保護者とBに一般的な発達障害の特性について説明する。
⑤ Aの保護者にAの医療機関への受診を検討するように勧める。

まず，選択肢を眺めると，担任教師に行うこと（①③），保護者に行うこと（②⑤），保護者と担任教師の両方に行うこと（④）に分けることができる。

本事例問題は，2018.12問67と同様にスクールカウンセラーの業務についてである。適切なものを見つけることから始める。②はカウンセリングにおける受容的態度のことなので，適切である。③は担任教師に対するコンサルテーションなので，適切である。④は保護者と担任教師に理解を深めてもらうための説明なので，適切である。⑤に関しては，8歳時の発達障害の診断を受け入れられていないようであるが，クラスメイトとのトラブルが続き，半年前から学校への行きしぶりが続いているので，このまま放置することはできない。そこで，④のように一般的な発達障害の特性についてていねいに説明することで，医療機関への受診を検討するように勧めることは適切である。

①の担任教師に指導案を指示することは，コンサルテーションに含まれていない。指導案の作成は教師の業務なので，助言，指導を超えている。したがって，①が不適切である。

選択肢の検討

① ○ 不適切。
② × 適切。カウンセリングにおける受容的態度のことである。
③ × 適切。担任教師に対するコンサルテーションである。
④ × 適切。保護者と担任教師に理解を深めてもらう必要がある。
⑤ × 適切。医療機関への受診を検討する必要がある。

解　答　①

【辰巳法律研究所の出口調査に基づく正答率と肢別解答率データです】

参考 / 144 人肢別解答率 Data% by 辰巳法律研究所				正答率 79.2%
肢1	肢2	肢3	肢4	肢5
79.2%	0.7%	0.7%	2.1%	16.7%

着 眼 点

学習の遅れや人間関係のトラブルという問題の背景に，発達障害やその傾向が隠れている場合があると思われる。この場合の発達障害とは，自閉スペクトラム症，AD/HD（注意欠如・多動症），SLD（限局性学習症）などが代表的なものとして挙げられる。

本人の気持ちを理解するためには，行動観察や心理検査から特性を的確に把握する必要がある。そして，必要に応じて保護者や教員と情報を共有することによって，児童生徒が過ごしやすい環境を整えていくことを考えるのである。

2018.12－139

問 139　17 歳の男子A，高校２年生。スポーツ推薦で入学したが，怪我のため退部した。もともと友人は少なく，退部以降はクラスで孤立し，最近欠席も目立つようになっていた。「死にたい」と書かれたメモをAの保護者が自宅で発見し，スクールカウンセラーに面接依頼があった。保護者との面接では家庭環境に問題は特に認められず，Aは「死ぬつもりはない」と話したという。Aとの面接では，落ち着かずいらいらした態度で，「死ぬ方法をネットで検索している。高校にいる意味が無い」，「今日話したことは誰にも言わないでください」と語った。

スクールカウンセラーの判断と対応として，最も適切なものを１つ選べ。

① 自殺の危険は非常に低いが，Aを刺激しないよう自殺を話題にすることを避ける。

② 自殺の危険が比較的低いため，ストレスマネジメントなどの予防的対応を行う。

③ 自殺の危険が比較的低いため，得られた情報は秘密にし，Aとの関係形成を図る。

④ 自殺の危険が非常に高いため，Aの安全を確保して，医療機関の受診に結び付ける。

⑤ 自殺の危険が非常に高いため，自殺企図を引き起こしたきっかけを尋ね問題の解決を図る。

2018.12−139　自殺念慮

問139　17歳の男子A，高校2年生。スポーツ推薦で入学したが，怪我のため退部した。もともと友人は少なく，退部以降はクラスで孤立し，最近欠席も目立つようになっていた。「死にたい」と書かれたメモをAの保護者が自宅で発見し，スクールカウンセラーに面接依頼があった。保護者との面接では家庭環境に問題は特に認められず，Aは「死ぬつもりはない」と話したという。Aとの面接では，落ち着かずいらいらした態度で，「死ぬ方法をネットで検索している。高校にいる意味が無い」，「今日話したことは誰にも言わないでください」と語った。

スクールカウンセラーの判断と対応として，最も適切なものを1つ選べ。

① 自殺の危険は非常に低いが，Aを刺激しないよう自殺を話題にすることを避ける。
② 自殺の危険が比較的低いため，ストレスマネジメントなどの予防的対応を行う。
③ 自殺の危険が比較的低いため，得られた情報は秘密にし，Aとの関係形成を図る。
④ 自殺の危険が非常に高いため，Aの安全を確保して，医療機関の受診に結び付ける。
⑤ 自殺の危険が非常に高いため，自殺企図を引き起こしたきっかけを尋ね問題の解決を図る。

まず，選択肢を眺めると，自殺の危険が低い（①②③）と自殺の危険が高い（④⑤）の2つに分けられる。したがって，自殺の危険が低いか高いかの判断が，本事例問題のポイントである。

もともと友人は少なく，怪我による退部以降はクラスで孤立し，欠席も目立つようになり，「死にたい」と書かれたメモを保護者が発見したという高校生のケースである。一般的に，自殺念慮が一時的でなく持続的であれば，中等度の危険度である。これに具体的な計画があれば，高度の危険度になる。Aの場合は，「死ぬ方法をネットで検索している」と言っているので，高度の危険度と判断される。したがって，④⑤が該当するが，④安全を確保して，医療機関の受診に結び付けるのが，最も適切と思われる。

選択肢の検討

① ×　自殺を話題にすることを避けることはできない。
② ×　ストレスマネジメントなどの予防的対応をするレベルを超えている。
③ ×　緊急度が高いので得られた情報を秘密にしておくことはできない。
④ ○
⑤ ×　自殺企図を引き起こしたきっかけを尋ねても問題解決にはならない。

解　答	④

【辰巳法律研究所の出口調査に基づく正答率と肢別解答率データです】

参考 / 144 人肢別解答率 Data% by 辰巳法律研究所				正答率 72.2%
肢1	肢2	肢3	肢4	肢5
2.1%	3.5%	9.0%	72.2%	12.5%

着 眼 点

「今日話したことは誰にも言わないでください」と言われた場合，守秘義務をどう扱ったらよいかということである。自殺の危険度が高いと判断される場合は，警告義務に相当するため，安全を確保して，家族へ連絡をしたり，リスクマネジメントとして医療機関の受診に結び付けるように対応する必要がある。

2019−68

問 68　９歳の男児Ａ，小学３年生。同じクラスのＢとＣとはいつも一緒に下校していたが，１週間前からＢとＣは下校中にＡをおいて走って帰ったり，３人分のランドセルをＡに持たせたりしていた。そのため，Ａがこのようなことを嫌がり，「学校に行きたくない」と言っていると，Ａの保護者から校内の公認心理師に相談があった。

Ａの保護者に許可を得た上で，公認心理師が担任教師に行う助言として，最も適切なものを１つ選べ。

①　Ａを他の児童と帰らせるように助言する。
②　ＢとＣの謝罪をもって解決とするように助言する。
③　Ａにいじめられた理由を考えさせるように助言する。
④　当事者の家庭での解決を求めるように助言する。
⑤　事実を確認し，学校のいじめの対策組織に報告するように助言する。

2019−68　いじめ

問68　9歳の男児A，小学3年生。同じクラスのBとCとはいつも一緒に下校していたが，1週間前からBとCは下校中にAをおいて走って帰ったり，3人分のランドセルをAに持たせたりしていた。そのため，Aがこのようなことを嫌がり，「学校に行きたくない」と言っていると，Aの保護者から校内の公認心理師に相談があった。

Aの保護者に許可を得た上で，公認心理師が担任教師に行う助言として，最も適切なものを1つ選べ。

①　Aを他の児童と帰らせるように助言する。
②　BとCの謝罪をもって解決とするように助言する。
③　Aにいじめられた理由を考えさせるように助言する。
④　当事者の家庭での解決を求めるように助言する。
⑤　事実を確認し，学校のいじめの対策組織に報告するように助言する。

まず，選択肢を眺めると，対応の違いは当該行為をいじめと考える（②③⑤）か，いじめとまでは考えない（①④）かによって，生じるものと思われる。

事例を読むと，「Aがこのようなことを嫌がり，『学校に行きたくない』と言っている」と保護者が訴えているのである。Aは明らかに苦痛を感じており，いじめ防止対策推進法にあるように，当該の児童が苦痛を感じていたらいじめなので，Aに対する行為はいじめと認定できる。したがって，教職員は適切かつ迅速に対処する責務を有するのである。

いじめを軽視している①は一時的な回避であって，これでは解決したとはいえない。④は保護者に解決を求めることは困難と思われる。双方が話し合っても，考え方の違いからもめるだけになってしまう恐れがある。したがって，①④は適切でない。

③はいじめられた側に非があるような対処の仕方で，いじめられた側に寄り添った対処の仕方とはいえない。したがって，適切でない。

残った②と⑤のうち②は，一見適切なようであるが，学校としての取組みにはならない。いじめを根絶するためには，学校全体でいじめの問題に取組む必要があり，⑤の学校のいじめの対策組織に報告することが，最も適切である。

選択肢の検討

① ×　一時的な回避に過ぎない。
② ×　学校全体の取組みにならないので，いじめの根絶にはつながらない。
③ ×　いじめられた側に寄り添った対処の仕方ではない。
④ ×　保護者にいじめの解決を求めることは困難である。
⑤ ○

解　答　⑤

【辰巳法律研究所の出口調査に基づく正答率と肢別解答率データです】

参考 / 2121 人肢別解答率 Data% by 辰巳法律研究所				正答率 98.4%
肢1	肢2	肢3	肢4	肢5
0.7%	0.4%	0.2%	0.1%	98.4%

着眼点

いじめ防止対策について理解する必要がある。

「いじめ防止対策推進法」は，国及び地方公共団体等の責務を明らかにして，いじめ防止等のための対策を総合的かつ効果的に推進することを目的として，2013 年に制定・施行された 35 か条の条文からなる法律である。そこには，いじめ防止のための組織として，学校内に，「学校におけるいじめ防止等の対策のための組織」（22 条）を設置する義務があり，また，関係機関の連携を図るために，学校，教育委員会，児童相談所，法務局，警察その他の関係者により構成される「いじめ問題対策連絡協議会」の設置も任意とされている（14 条）。

2019－75

問 75　23 歳の男性Ａ，大学４年生。Ａが学生相談室に来室した。昨年度末で卒業の予定であったが，必修科目の単位が取得できず留年した。その必修科目については１年次から何度も履修を繰り返し，単位取得に向けて最大限の努力を続けてきたが，結果は全て不合格であった。今年度からは，留年した学生のための特別な学習指導を新たに受けられるようになった。それにもかかわらず，努力をしても無駄だと感じて意欲を喪失し，欠席が続いている。

現在のＡについての説明として，最も適切なものを１つ選べ。

① 自尊感情が過度に低い。

② テスト不安が過度に高い。

③ 学習性無力感に陥っている。

④ ソーシャルスキルが不十分である。

2019−75　学習性無力感

問75　23歳の男性A，大学4年生。Aが学生相談室に来室した。昨年度末で卒業の予定であったが，必修科目の単位が取得できず留年した。その必修科目については1年次から何度も履修を繰り返し，単位取得に向けて最大限の努力を続けてきたが，結果は全て不合格であった。今年度からは，留年した学生のための特別な学習指導を新たに受けられるようになった。それにもかかわらず，努力をしても無駄だと感じて意欲を喪失し，欠席が続いている。

現在のAについての説明として，最も適切なものを1つ選べ。

① 自尊感情が過度に低い。
② テスト不安が過度に高い。
③ 学習性無力感に陥っている。
④ ソーシャルスキルが不十分である。

本事例問題はやや特殊で，大学生の不登校が扱われている。まず，選択肢を眺めると，すべてAの状態が示されている。

「努力しても無駄だと感じて意欲を喪失し，欠席が続いている」という事例の最後の部分が問題を解くヒントである。①の「自尊感情が過度に低い」のも，②の「テスト不安が過度に高い」のも，③の「学習性無力感に陥っている」ためである。④の「ソーシャルスキルが不十分」というのは，対人技術に問題があるということであるなら，必修科目担当の先生に会って，単位を出してもらうようにうまく頼むことをしなかったということであろうか。そのほうが問題である。以上のことから，③が最も適切である。

選択肢の検討

① × 間違いではないが，最も適切なものではない。
② × 間違いではないが，最も適切なものではない。
③ ○
④ × 直接関係のないことである。

解　答　③

【辰已法律研究所の出口調査に基づく正答率と肢別解答率データです】

参考 / 2121 人肢別解答率 Data% by 辰已法律研究所				正答率 97.0%
肢1	肢2	肢3	肢4	
0.8%	0.2%	97.0%	1.7%	

着眼点

セリグマンらの学習性無力感の実験について理解しておく必要がある。

犬を用いているが人間も同様で，自分では抵抗も回避もできないようなストレスに長期間さらされると，そうした不快な状況から逃れようという行動すら行われなくなる。これを学習性無力感という。

Ⅲ

過去3回の試験における難解問題（セレクト10事例）解　説

Ⅲ　過去３回の試験における難解問題（セレクト10事例）解説

【過去３回の試験における難解問題（36 問）の内訳】

領　域	2018.09	2018.12	2019.08	合　計
医　療	6問	1問	5問	12問 (33.3%)
福　祉			3問	3問
教　育		1問	3問	4問
司　法		1問		1問
産　業		1問	1問	2問
アセスメント	1問	3問	2問	6問 (16.7%)
心理学的支援	2問	3問	1問	6問 (16.7%)
その他	1問		1問	2問
合　計	10問	10問	16問	36問

過去３回の試験における難解問題（正答率 60% 未満）は 2018 年度 10 問，2018 年度追加 10 問，2019 年度 16 問，合計 36 問であり，それを示したのが上表である。難解問題は医療，アセスメント，心理学的支援に多いことがわかる。このうち代表的なものを 10 問セレクトしたのが次頁の表であり，解説を修正したものも含まれる。

【過去3回の試験における難解問題のセレクト10問】

年月	問題No.	領　域	項　目	正答率（%）
2018.09	問66	医　療	緩和ケア	21.3
	問138	心理学的支援	負の相補性	50.4
2018.12	問144	教　育	引きこもり	32.6
	問60	心理学的支援	パニック障害	36.8
2019.08	問64	医　療	生活習慣と心の健康	50.1
	問142	医　療	動機づけ面接	24.9
	問154	医　療	職場復帰支援	50.8
	問153	福　祉	地域包括ケアシステム	57.7
	問148	産　業	ストレスチェック制度	41.8
	問152	心理学的支援	認知行動理論	37.8

1　2018年9月試験　難解問題

医　療　2018.09－66

問 66　55 歳の男性。肺癌の終末期で緩和ケアを受けている。家族によれば，最近苛立ちやすく，性格が変わったという。夜間はあまり眠らず，昼間に眠っていることが多い。

この患者の状態を評価する項目として，最も優先すべきものを1つ選べ。

① 幻覚
② 不安
③ 意欲低下
④ 見当識障害
⑤ 抑うつ気分

2018.09−66　緩和ケア

問 66　55 歳の男性。肺癌の終末期で緩和ケアを受けている。家族によれば，最近苛立ちやすく，性格が変わったという。夜間はあまり眠らず，昼間に眠っていることが多い。
　この患者の状態を評価する項目として，最も優先すべきものを１つ選べ。

① 幻覚
② 不安
③ 意欲低下
④ 見当識障害
⑤ 抑うつ気分

まず，解答の選択肢を眺めると，５つの選択肢はほとんどが認知症の症状に当てはまることが分かる。したがって，55 歳の男性であるが認知症と同じような症状を事例の中から見つけることができるかという問題である。その際，緩和ケアが何に重点をおいたものかを考える必要がある。

緩和ケアは，患者の延命をはかる治療とともに，痛みや不眠などの症状を取り除いて快適に過ごせるようにするためのものである。そこで，本事例の痛みや不眠などの症状への対応を考えると，「夜間はあまり眠られず，昼間に眠っていることが多い」ということが注目される。この原因として昼か夜か分からなくなる時間の見当識障害が考えられる。したがって，最も優先すべきものは④である。

選択肢の検討

① × 幻覚についての記述はない。
② × 苛立ちやすいのは不安のせいかもしれないが，最優先ではない。
③ × 意欲低下についての記述はない。
④ ○
⑤ × 苛立ちやすいのは抑うつ気分のせいかもしれないが，最優先ではない。

解　答　④

【辰巳法律研究所の出口調査に基づく正答率と肢別解答率データです】

参考 / 5961 人肢別解答率 Data% by 辰巳法律研究所				正答率 21.3%
肢1	肢2	肢3	肢4	肢5
2.9%	29.8%	0.8%	21.3%	45.2%

着眼点

本事例問題の難しさは，正答以外に選ばれやすい２つの選択肢があることである。すなわち，「最近苛立ちやすく，性格が変わった」という記述から②不安（29.8%）または⑤抑うつ気分（45.2%）が選ばれやすいと思われる。確かに緩和ケアでは，末期患者の心のケアや癌の告知で受けるショックや不安への対応などもケアの対象とされている。

しかし，それよりも優先されるのが，痛みや不眠などの症状への対応である。したがって，この事例では上述したように「夜間はあまり眠られず，昼間に眠っていることが多い」ということから，時間の④見当識障害（21.3%）について評価する必要があるのである。以上のように，不安でもなく抑うつ気分でもなく，見当識障害を評価項目として選択することは緩和ケア，認知症について深い理解がないと困難である。

心理学的支援　2018.09－138

問138　36歳の男性A，会社員。Aは転職を考え，社外の公認心理師Bのカウンセリングを受けた。6か月間BはAの不安を受け止め，二人で慎重に検討した後，転職することができた。初めはやる気を持って取り組めたが，上司が替わり職場の雰囲気が一変した。その後のカウンセリングでAは転職を後悔していると話し，AがBの判断を責めるようになった。次第に，Bは言葉では共感するような受け答えはするが，表情が固くなり視線を避けることが増えていった。その後，面接は行き詰まりに達して，Aのキャンセルが続いた。

　AがBの判断を責めるようになってからのBの行動の説明として，最も適切なものを1つ選べ。

① 不当にBを責めて，自分の責任を外在化するAに対して，距離を置いている。

② 不満をこぼすが状況に対処していないAに対して明確な姿勢をもって臨んでいる。

③ それまでのようにAに支持と共感をしないことによって，意図せず反撃してしまっている。

④ 誤った判断をし，Aを傷つけてしまったという不安が強くなり，介入することができなくなっている。

⑤ 職場に対する不満の問題が再燃し，繰り返されていることを気づかせるために中立性を保とうとしている。

2018.09－138　負の相補性

問 138　36 歳の男性Ａ，会社員。Ａは転職を考え，社外の公認心理師Ｂのカウンセリングを受けた。６か月間ＢはＡの不安を受け止め，二人で慎重に検討した後，転職することができた。初めはやる気を持って取り組めたが，上司が替わり職場の雰囲気が一変した。その後のカウンセリングでＡは転職を後悔していると話し，ＡがＢの判断を責めるようになった。次第に，Ｂは言葉では共感するような受け答えはするが，表情が固くなり視線を避けることが増えていった。その後，面接は行き詰まりに達して，Ａのキャンセルが続いた。

　ＡがＢの判断を責めるようになってからのＢの行動の説明として，最も適切なものを１つ選べ。

① 不当にＢを責めて，自分の責任を外在化するＡに対して，距離を置いている。
② 不満をこぼすが状況に対処していないＡに対して明確な姿勢をもって臨んでいる。
③ それまでのようにＡに支持と共感をしないことによって，意図せず反撃してしまっている。
④ 誤った判断をし，Ａを傷つけてしまったという不安が強くなり，介入することができなくなっている。
⑤ 職場に対する不満の問題が再燃し，繰り返されていることを気づかせるために中立性を保とうとしている。

まず，解答の選択肢を眺めると，いずれもカウンセラーの行動の説明であることが分かる。クライエントがカウンセラーを責めるようになってから，二人は微妙な関係になったと推察される。それは，「カウンセラーは言葉では共感するような受け答えはするが，表情が固くなり，視線を避けることが増えていった」と表現するような関係である。つまり，言葉では共感的理解を示しても，表情や態度はそのようなものではなかったということである。

このことは，カウンセリングの基本的態度の１つである自己一致と矛盾するように思われる。クライエントから怒りを投げかけられて，カウンセラーは防衛的になって率直な気持ちと態度でクライエントに向き合えていないということである。

カウンセラーは，誤った判断をしたという罪悪感を抱いていたり，カウンセラー自身の怒りや攻撃性を抑圧しているかもしれない。にもかかわらず，共感的な受け答えをしていることは，クライエントを傷つけているという功罪もあると思われる。

以上のことを踏まえて正解を考えてみると，「②明確な姿勢をもって臨んでいる」は当てはまらず，「⑤繰り返されていることを気づかせるために」という意図は感じられない。また，共感するような受け答えはしているので，「①距離を置いている」とはいえないであろう。

残りの③と④のいずれを選ぶかは微妙な問題である。①と同様に，共感するような受け答えはしているので，「④介入することができなくなっている」とはいえないであろう。ここは「それまでのように」という言葉が必要である。したがって，「③それまでのようにAに支持と共感をしないこと」が，意図せず反撃してしまっていると考えるべきである。以上のことから，正解は③である。

選択肢の検討

① ×　「距離を置いている」とはいえない。
② ×　「明確な姿勢をもって臨んでいる」とはいえない。
③ ○
④ ×　「介入することができなくなっている」とはいえない。
⑤ ×　「繰り返されていることを気づかせるために」という意図は感じられない。

解　答　③

【辰巳法律研究所の出口調査に基づく正答率と肢別解答率データです】

参考 / 5961 人肢別解答率 Data% by 辰巳法律研究所				正答率 50.4%
肢1	肢2	肢3	肢4	肢5
16.9%	0.3%	50.4%	30.3%	1.9%

着眼点

本事例問題は，カウンセリングの失敗・中断の原因として負の相補性に気づくか否かということがポイントである。負の相補性というのは，クライエントが示す対人関係パターンにカウンセラーが怒りで対応することで，互いの怒りと敵意を増幅させてしまうことである。

選択肢を選んだ割合は，①16.9%，③50.4%，④30.3%であり，③が最も多く選択されている。この③における「視線を避ける」という拒否の表れが怒りを感じさせ，これがまさに負の相補性を意味している。そのことに気づいた人が半数以上いたのであり，カウンセラーの心理を深く洞察できたといえる。すなわち，カウンセラーに怒りや不安の感情が生じて，率直な気持ちと態度でクライエントに向き合えなくなったことを読み取る必要があったのである。

2　2018年12月試験　難解問題

教　育　　2018.12－144

問 144　大学の学生相談室のカウンセラーが，教員Aから以下のような相談を電話で受けた。

「先月，ゼミを1か月欠席している学生Bを指導するため面談しました。Bは意欲が減退し，自宅に引きこもり状態で，大学生にはよくある悩みだと励まし，カウンセリングを勧めましたがそちらには行っていないようですね。Bは私とは話せるようで，何回か面談しています。今日の面談では思い詰めた表情だったので，自殺の可能性を考え不安になりました。後日また面談することについてBは了承していますが，教員としてどうしたら良いでしょうか。」

このときのカウンセラーのAへの対応として，最も適切なものを1つ選べ。

① Bの自殺の危険性は低いと伝え，対応はAに任せる。
② カウンセラーがBと直接会ってからAと対応を検討する。
③ Bにカウンセリングを受けることを強く勧めるよう助言する。
④ Bの問題を解決するために継続的にAに面談することを提案する。
⑤ 危機対応として家族に連絡し医療機関への受診を勧めるよう助言する。

2018.12−144　引きこもり

問 144　大学の学生相談室のカウンセラーが，教員Ａから以下のような相談を電話で受けた。

「先月，ゼミを１か月欠席している学生Ｂを指導するため面談しました。Ｂは意欲が減退し，自宅に引きこもり状態で，大学生にはよくある悩みだと励まし，カウンセリングを勧めましたがそちらには行っていないようですね。Ｂは私とは話せるようで，何回か面談しています。今日の面談では思い詰めた表情だったので，自殺の可能性を考え不安になりました。後日また面談することについてＢは了承していますが，教員としてどうしたら良いでしょうか。」

このときのカウンセラーのＡへの対応として，最も適切なものを１つ選べ。

① Ｂの自殺の危険性は低いと伝え，対応はＡに任せる。
② カウンセラーがＢと直接会ってからＡと対応を検討する。
③ Ｂにカウンセリングを受けることを強く勧めるよう助言する。
④ Ｂの問題を解決するために継続的にＡに面談することを提案する。
⑤ 危機対応として家族に連絡し医療機関への受診を勧めるよう助言する。

本事例は，ゼミの指導教員が「意欲が減退し，自宅に引きこもり状態」「思い詰めた表情」から，自殺の可能性を考え不安になったというものである。それが１か月前から続いているようなので，うつ病あるいはうつ状態であることは間違いないであろう。自宅というので家族と一緒に暮らしていると思われるが，家族との関係は不明である。しかし，自殺念慮があるかどうかは分からないが，自殺の危険性が低いとは言えない状況である。したがって，①は適切ではない。

②と③は関連があり，カウンセラーがＢと会うことを前提としているが，一度カウンセリングを勧めたが行っていないので，受ける気はないと思われ現実的な対応ではない。したがって，②③は適切ではない。

残りの④⑤はどちらを選ぶか迷うところである。本人（Ｂ）の同意・許可を得ずに家族に連絡すれば（⑤），それまでのＡとＢの信頼関係を損ねる心配があるし，Ｂが欠席するようになってからまだ１か月なので，もうしばらく様子を見てもいいのではないかと思われる。ＢはＡとの後日の面談を了承しているので継続的な面談をすること（④）が，最適な対応である。

選択肢の検討

① ×　自殺の危険性がないわけではないので，教員Aに任せてしまうのは問題がある。

② ×　Bに抵抗があるのかもしれないので，会うまでに時間がかかってしまう。

③ ×　強く勧めることで，カウンセリングへの抵抗をさらに強めることになる。

④ ○

⑤ ×　今はAとBの信頼関係を深めることが優先される。

解　答　④

【辰已法律研究所の出口調査に基づく正答率と肢別解答率データです】

参考 / 144人肢別解答率 Data% by 辰已法律研究所				正答率 32.6%
肢1	肢2	肢3	肢4	肢5
2.8%	8.3%	8.3%	32.6%	47.2%

着眼点

本事例問題の選択肢を選んだ割合は，④32.6%，⑤47.2%と二分される。どちらが適切なのか，まず，タラソフ原則で考えてみる。

教員にも守秘義務はあるが，その例外的状況として，「自殺など，自分自身に対して深刻な危害を加えるおそれのある緊急事態」が挙げられ，タラソフ原則が当てはまる。

ゼミの指導教員Aが学生Bの様子から，「自殺の可能性を考え不安になった」というので，危機対応として家族に連絡し医療機関への受診を勧めるよう助言することは，タラソフ原則によって適切な対応と思われる。すなわち，守秘義務より警告義務（保護義務）が優先されるということである。

しかし，本ケースではタラソフ原則を適用するのが妥当なのであろうか。危機対応するほどの緊急性があるかということである。教員Aが自殺の可能性を考え不安になったのであり，学生Bは自殺をほのめかしたり,「死にたい」と言っているわけではないのである。したがって，タラソフ原則を適用するよりはAとBの信頼関係を深めるための面談が求められるのである。以上のことから，⑤よりも④が適切といえる。

心理学的支援　2018.12−60

問60　28歳の女性A。バスで通勤中，突然，激しい動悸と息苦しさに襲われ，強い不安を感じた。途中のバス停で降りてしばらく休んでいたら，落ち着いたので，その日は会社を欠勤し帰宅した。その後，繰り返し同じ発作に見舞われ，また発作が起こるのではと不安が強くなった。バスに乗るのが怖くなり，家族に車で送ってもらわないと出勤できなくなった。やがて外出することも困難となったため，医師の紹介で相談室を訪れた。

Aに対する認知行動療法として，最も適切なものを1つ選べ。

① イメージは用いず，現実的な状況を段階的に経験させる。
② 不安な気持ちに共感し，安全な行動をとるようにさせる。
③ 一人での練習は危険を伴うため，ホームワークは用いない。
④ 発作の前兆である身体症状を意図的に作り出し，経験させる。
⑤ より機能的な考え方に修正できるよう，リラクセーション法は用いない。

2018.12−60　パニック障害

問60　28歳の女性A。バスで通勤中，突然，激しい動悸と息苦しさに襲われ，強い不安を感じた。途中のバス停で降りてしばらく休んでいたら，落ち着いたので，その日は会社を欠勤し帰宅した。その後，繰り返し同じ発作に見舞われ，また発作が起こるのではと不安が強くなった。バスに乗るのが怖くなり，家族に車で送ってもらわないと出勤できなくなった。やがて外出することも困難となったため，医師の紹介で相談室を訪れた。

Aに対する認知行動療法として，最も適切なものを１つ選べ。

① イメージは用いず，現実的な状況を段階的に経験させる。
② 不安な気持ちに共感し，安全な行動をとるようにさせる。
③ 一人での練習は危険を伴うため，ホームワークは用いない。
④ 発作の前兆である身体症状を意図的に作り出し，経験させる。
⑤ より機能的な考え方に修正できるよう，リラクセーション法は用いない。

本事例はパニック障害の広場恐怖と言われるものである。パニック障害は，外出時に激しい発作に襲われ，また発作が起こるのではないかという不安から，外出できなくなるといった不安障害の一種である。パニック障害に対しては，認知療法で偏った思考パターンを正していくこと，および行動療法で誤った学習を少しずつ是正していくことが行われる。

とくに後者では，リラクセーション法とイメージ曝露療法を併用することが多い。イメージ曝露療法というのは，恐怖場面にのぞむのに現実の場面は厳しいので，恐怖場面をイメージさせるという方法である。

以上のことから選択肢を考えると，①イメージを用いず，現実的な状況を段階的であっても経験させることは，外出することが困難な状況では厳しすぎて不適切である。②不安な気持ちに共感すること自体が困難であるし，安全な行動となると狭い範囲でしか行動できなくなるので不適切である。③不安に慣れるためには，繰り返しの練習が欠かせないので，危険を伴わずにできる範囲のことをやってもらう必要から，ホームワークを用いないのは不適切である。⑤リラクセーション法は身体反応のコントロール法の一環として行われることが多いので，リラクセーション法を用いないのは不適切である。

曝露療法の一つに内部感覚エクスポージャーという方法があって，意図的に動悸や息苦しさ，気分の悪さを経験させて発作を起こし，それに慣れるようにしていくというやり方である。しかし，発作の前兆である身体症状という表現は分りにくいので，発作時に生じる身体症状とすべきであり，これを意図的に作り出し，経験させることになる。以上のことから，④は適切である。

選択肢の検討

① ×　イメージ曝露療法を用いるべきである。
② ×　狭い範囲でしか行動できなくなる。
③ ×　ホームワークは必要である。
④ ○
⑤ ×　リラクセーション法は必要である。

解　答　④

【辰巳法律研究所の出口調査に基づく正答率と肢別解答率データです】

参考 / 144 人肢別解答率 Data% by 辰巳法律研究所				正答率 36.8%
肢1	肢2	肢3	肢4	肢5
43.1%	6.9%	10.4%	36.8%	2.1%

着眼点

本事例問題の選択肢を選んだ割合は，①43.1%，④36.8%と二分される。なぜ①は正答でないのか。一般的にイメージよりも現実的な状況を段階的に経験させたほうが，効果的であるとされている。しかし，外出することも困難で不安が強いクライエントに現実的な状況を段階的に経験させるという治療方針は，無理があると思われる。したがって，まずはイメージで不安に慣れさせてから現実的な状況に移行するのが望ましい。以上のことから，①は不適切となる。効果的であっても，クライエントの状態に即して治療方針を決めることが大事である。

3　2019年8月試験　難解問題

医 療　2019－64

問 64　75 歳の男性A。総合病院の内科で高血圧症の治療を受けている以外は身体疾患はない。起床時間は日によって異なる。日中はテレビを見るなどして過ごし，ほとんど外出しない。午後6時頃に夕食をとり，午後8時には床に就く生活であるが，床に就いてもなかなか眠れないため，同じ病院の精神科外来を受診した。診察時に実施した改訂長谷川式簡易知能評価スケール〈HDS-R〉は 27 点であった。診察した医師は薬物療法を保留し，院内の公認心理師に心理的支援を指示した。

Aに対する助言として，最も適切なものを1つ選べ。

① 寝酒は寝つきに有効かもしれません。
② 眠くなるまで布団に入らないようにしましょう。
③ 1時間程度の昼寝で睡眠不足を補ってください。
④ 健康のために，少なくとも8時間の睡眠が必要です。
⑤ 午前中に1時間くらいのジョギングをしてみましょう。

2019−64　生活習慣と心の健康

問 64　75 歳の男性Ａ。総合病院の内科で高血圧症の治療を受けている以外は身体疾患はない。起床時間は日によって異なる。日中はテレビを見るなどして過ごし，ほとんど外出しない。午後６時頃に夕食をとり，午後８時には床に就く生活であるが，床に就いてもなかなか眠れないため，同じ病院の精神科外来を受診した。診察時に実施した改訂長谷川式簡易知能評価スケール〈HDS-R〉は 27 点であった。診察した医師は薬物療法を保留し，院内の公認心理師に心理的支援を指示した。

Ａに対する助言として，最も適切なものを１つ選べ。

① 寝酒は寝つきに有効かもしれません。
② 眠くなるまで布団に入らないようにしましょう。
③ １時間程度の昼寝で睡眠不足を補ってください。
④ 健康のために，少なくとも８時間の睡眠が必要です。
⑤ 午前中に１時間くらいのジョギングをしてみましょう。

まず，選択肢を眺めると，常識的に考えて不適切と思われるものがあり，それは①④である。

「厚生労働省　e－ヘルスネット　高齢者の睡眠」を参照すると，①の寝酒，つまりアルコール類は，かえって睡眠障害を生じさせることになるので不適切である。また，④の８時間の睡眠は，高齢者になると早朝覚醒があるので眠れる時間は短くなり，若い頃のような睡眠時間は望めない。したがって，④も不適切である。

③⑤は部分的に適切でないところがある。③は適切なように思えるが，昼寝によって眠気は解消できても，夜眠くならなくて寝つきが悪くなるということが考えられる。⑤については，運動不足も睡眠障害を生じさせることがあるが，75 歳の高齢者には過酷で勧めにくい。せいぜい 30 分のウォーキングが適当なので，⑤は不適切である。

残りの②「眠くなるまで布団に入らないようにしましょう」は，眠くなったら床につくということである。これは，高齢になると眠れる時間が短くなるので，眠くないのに寝ると，当然のことながら寝つきが悪くなるし，中途覚醒も増えてしまうからである。したがって，最も適切なのは②である。

なお，改訂長谷川式簡易知能評価スケールは，30点満点中20点以下は「認知症の疑いあり」でAは該当しないので，助言の意味を理解し判断できるものと思われる。

選択肢の検討

① × 寝酒はかえって睡眠障害を生じさせることになる。
② ○
③ × 1時間程度の昼寝をすると夜眠くならなくて寝つきが悪くなる。
④ × 高齢になると早朝覚醒があるので眠れる時間は短くなる。
⑤ × 運動は午前中ではなく夕方から夜にかけてするのが効果的である。

解　答　②

【辰巳法律研究所の出口調査に基づく正答率と肢別解答率データです】

参考 / 2121 人肢別解答率 Data% by 辰巳法律研究所				正答率 50.1%
肢1	肢2	肢3	肢4	肢5
0.1%	50.1%	6.4%	3.3%	39.9%

着眼点

本事例問題の難しさは，必ずしも不適切とは言えない選択肢が含まれているからである。例えば，③の「1時間程度の昼寝」を「30分以内の昼寝」にしたら適切になる。しかし，選択肢を選んだ割合は，②50.1%，⑤39.9%と二分される。では，なぜ⑤が適切ではないのか。「1時間くらいのジョギング」は75歳という年齢の人には過酷と思われたが，ジョギングを運動と考えればそうでもないらしい。なぜなら高血圧治療の運動療法として，運動はできれば毎日実施し，運動量は30分以上，ややきつい有酸素運動が勧められ，それによって降圧効果が得られ，高血圧症が改善されるからである。今回は高血圧症の治療がテーマではないし，⑤が適切でない理由は，不眠にとって習慣的な運動は効果的であるが，運動は午前中にするのではなく，夕方から夜にかけてするのが効果的なのである。それは，運動をすると脳温の低下量が大きくなり，睡眠しやすくなるからである。

医　療　2019－142

問142　47歳の男性A。Aは，長年の飲酒，食習慣及び喫煙が原因で，生活習慣病が悪化していた。主治医はこれらの習慣は簡単には変えられないため，院内の公認心理師と共にじっくりと取り組むようカウンセリングをAに勧めた。Aは「酒もたばこも生活の一部だ」と話す一方で，「自分の身体のことは心配なので，この2週間はたばこの本数を毎日20本から15本に減らし，1日の最初の1本を遅らせている。酒はやめる気はない」と言う。

Aの行動変容の段階を考慮した公認心理師の対応として，最も適切なものを1つ選べ。

① 禁酒も始めるように促す。
② 生活習慣病への意識を向上させる。
③ 禁煙のための具体的な計画を立てる。
④ 飲酒と喫煙の害について心理教育を行う。
⑤ 喫煙本数が増えないように現在の自分なりの制限を継続させる。

2019−142　動機づけ面接

問 142　47 歳の男性Ａ。Ａは，長年の飲酒，食習慣及び喫煙が原因で，生活習慣病が悪化していた。主治医はこれらの習慣は簡単には変えられないため，院内の公認心理師と共にじっくりと取り組むようカウンセリングをＡに勧めた。Ａは「酒もたばこも生活の一部だ」と話す一方で，「自分の身体のことは心配なので，この２週間はたばこの本数を毎日 20 本から 15 本に減らし，１日の最初の１本を遅らせている。酒はやめる気はない」と言う。

　Ａの行動変容の段階を考慮した公認心理師の対応として，最も適切なものを１つ選べ。

① 禁酒も始めるように促す。
② 生活習慣病への意識を向上させる。
③ 禁煙のための具体的な計画を立てる。
④ 飲酒と喫煙の害について心理教育を行う。
⑤ 喫煙本数が増えないように現在の自分なりの制限を継続させる。

　まず，選択肢を眺める。適切なものを選ぶ問題なので，不適切なものを取り除くことから始める。④の心理教育は，精神保健問題を抱える患者本人および家族に対して，現在の疾患と，そのよりよい対処法を教える患者教育である。現時点では，飲酒について取り上げてもあまり意味がないと思われる。また，②の生活習慣病についても，範囲が広くなり一般論で終わってしまうのではないかと思われる。

　現在とくに問題となっているのは，飲酒，それらが原因の生活習慣病である。ここで，行動変容の段階を考慮した対応というのは，現時点では無関心か関心があるかということに注目することである。本人は，「酒はやめる気はない」と言っているので，禁酒については無関心である。それに対して，禁煙については関心があり，少しずつ自発的に行動化している。したがって，①の禁酒のことは棚上げして，禁煙だけを取り上げるべきである。以上のことから，①②④は除かれ，③と⑤が残る。

　③と⑤を比較すると，③の「具体的な計画を立てる」は，行動変容のステージを先に進めるために細かく目標を立てることを意味する。それは，スタートからゴールまでのプログラム学習というイメージである。⑤は相手を受け入れて任せるということなので，現状維持でステージを

進めることにならない。以上のことから，③が正答である。

選択肢の検討

①　×　禁酒については関心がないので現時点では取り上げない。
②　×　生活習慣病については範囲が広くなり一般論で終わってしまう。
③　○
④　×　飲酒についての心理教育を行っても意味がない。
⑤　×　現状維持でステージを進めることにはならない。

解　答　③

【辰巳法律研究所の出口調査に基づく正答率と肢別解答率データです】

参考 / 2121 人肢別解答率 Data% by 辰巳法律研究所				正答率 24.9%
肢1	肢2	肢3	肢4	肢5
0.6%	24.7%	24.9%	11.7%	38.0%

着眼点

本事例問題の選択肢を選んだ割合は，②24.7%，③24.9%，⑤38.0%と三分されており，問題の難しさが分かる。「飲酒」「食習慣」「喫煙」が原因で，「生活習慣病」が悪化しているということであり，何を一番に取り上げるべきかという問題であるが，行動変容の段階を考慮してという条件が与えられている。これは，行動変容ステージモデルを想起できることが必要であり，「厚生労働省　生活習慣病予防のための健康情報サイト」に記載されている。それによると，人が行動（生活習慣）を変える場合は，無関心期→関心期→準備期→実行期→維持期の５つのステージを通ると考える。行動変容のステージを一つでも先に進むには，その人が今どのステージにいるかを把握し，それぞれのステージに合わせた働きかけが必要になる。

上述した「食習慣」については記載がなく，「飲酒」に関して禁酒には関心がない。「喫煙」に関して禁煙には関心があり，実行期に入っている。したがって，これを推し進めるのがベストな対応であろう。「生活習慣病」については，それへの意識を高めたとしても，具体的に喫煙や禁酒など一つひとつに関心を持たせ，実行させないと意味がない。したがって，②よりも③が適切である。

なお，行動変容の段階を考慮してという条件がなければ，⑤が適切であろう。クライエント中心カウンセリングでは，クライエントの自己治癒力を信じ，クライエントが決めたことを受容的態度で支えていくからである。

医療　2019－154

問 154　35 歳の男性Ａ，会社員。うつ病の診断で休職中である。抑うつ感は改善したが，まだ夜間よく眠れず，朝起きづらく，昼間に眠気がある。通院している病院に勤務する公認心理師がＡと面接を行っていたところ，Ａは「主治医には伝えていないが，同僚に取り残される不安があり，早々に復職をしたい。職場に行けば，昼間は起きていられると思う」と話した。

このときの公認心理師の対応として，適切なものを2つ選べ。

①　試し出勤制度を利用するよう助言する。
②　まだ復職ができるほど十分に回復していないことを説明する。
③　Ａに早々に復職したいという焦る気持ちがあることを受け止める。
④　同僚に取り残される不安については，これを否定して安心させる。
⑤　主治医に職場復帰可能とする診断書を作成してもらうよう助言する。

2019−154　職場復帰支援

問154　35歳の男性A，会社員。うつ病の診断で休職中である。抑うつ感は改善したが，まだ夜間よく眠れず，朝起きづらく，昼間に眠気がある。通院している病院に勤務する公認心理師がAと面接を行っていたところ，Aは「主治医には伝えていないが，同僚に取り残される不安があり，早々に復職をしたい。職場に行けば，昼間は起きていられると思う」と話した。

このときの公認心理師の対応として，適切なものを2つ選べ。

① 試し出勤制度を利用するよう助言する。
② まだ復職ができるほど十分に回復していないことを説明する。
③ Aに早々に復職したいという焦る気持ちがあることを受け止める。
④ 同僚に取り残される不安については，これを否定して安心させる。
⑤ 主治医に職場復帰可能とする診断書を作成してもらうよう助言する。

まず，選択肢を眺めると，③と④が「受け止め」と「否定」でほぼ正反対の対応であることが分かる。Aの「……同僚に取り残される不安があり，早々に復職したい。……」という言葉から，不安と焦りの気持ちが伝わってくる。公認心理師は，それを否定して安心させるのではなく，そのまま受け止めるべきである。したがって，④は不適切な対応であり，③が適切な対応である。

また，Aの不眠や眠気の症状から，業務に支障が出るのではないかという心配があり，復職を進めるには時期尚早である。したがって，①より②のほうが，適切な対応である。

残る⑤は，職場復帰が可能か否かを判断するのは主治医であるが，「職場復帰可能とする診断書を作成してもらうよう助言する」は，公認心理師が職場復帰を判断したように誤解されるので，不適切な対応である。

選択肢の検討

① ×　試し出勤制度を利用するまでの状態にはなっていない。
② ○
③ ○
④ ×　否定して安心させるのではなく，そのまま受けとめるべきである。
⑤ ×　公認心理師が職場復帰を判断したように誤解される。

解　答　②，③

【辰已法律研究所の出口調査に基づく正答率と肢別解答率データです】

参考 / 2121 人肢別解答率 Data% by 辰已法律研究所								正答率 50.8%	
№177（解答欄）					№178（解答欄）				
肢1	肢2	肢3	肢4	肢5	肢1	肢2	肢3	肢4	肢5
34.5%	50.9%	14.1%	0.1%	0.2%	0.1%	0.4%	84.4%	1.8%	12.9%

着眼点

本事例問題の選択肢を選んだ割合は，①34.5%，②50.9%であり，復職を進める（①）か，復職は時期尚早（②）かを判断する必要がある。

厚生労働省は，職場復帰のステップの一つとして「試し出勤制度」を勧めている。厚生労働省の手引きによれば，リハビリ出勤（試し出勤制度）として，３通りの方法が紹介されている。それは，⑴模擬出勤，⑵通勤訓練，⑶試し出勤であるが，Ａは「抑うつ感は改善したが，まだ夜間はよく眠れず，朝起きづらく，昼間に眠気がある」ということなので，試し出勤制度を利用するまでの状態にはなっていないと思われる。したがって，復職を進めるには時期尚早であると判断すべきである。

出典：厚生労働省「心の健康問題により休業した労働者の職場復帰支援の手引き」平成24年７月改訂

福祉　2019－153

問153　85歳の男性A。Aは一人暮らしで，介護保険は申請しておらず，認知症の診断もされていない。しかし，身辺自立はしているものの，室内の清掃が行き届かず，物を溜め込みがちであるので，地域ケア会議で，ホームヘルパーによる清潔管理を行っていく方針を取り決め，実施していた。ヘルパーを受け入れているようにみえたが，2か月が経過した頃，Aからホームヘルパーの利用を終わりにしたいと突然申出があった。

地域包括支援センターの対応として，適切なものを2つ選べ。

①　基本チェックリストの再確認
②　グループホームへの入居の提案
③　小規模多機能型居宅サービスの利用
④　地域ケア会議での支援方法の再検討
⑤　定期巡回・随時対応型訪問サービスの利用

2019−153　地域包括ケアシステム

問 153　85 歳の男性Ａ。Ａは一人暮らしで，介護保険は申請しておらず，認知症の診断もされていない。しかし，身辺自立はしているものの，室内の清掃が行き届かず，物を溜め込みがちであるので，地域ケア会議で，ホームヘルパーによる清潔管理を行っていく方針を取り決め，実施していた。ヘルパーを受け入れているようにみえたが，２か月が経過した頃，Ａからホームヘルパーの利用を終わりにしたいと突然申出があった。

地域包括支援センターの対応として，適切なものを2つ選べ。

① 基本チェックリストの再確認
② グループホームへの入居の提案
③ 小規模多機能型居宅サービスの利用
④ 地域ケア会議での支援方法の再検討
⑤ 定期巡回・随時対応型訪問サービスの利用

まず，選択肢を眺めると，再確認・再検討（①④）と入居・サービスの利用（②③⑤）の２つに分けられることがわかる。

入居・サービスの利用については，②のグループホームは地域密着型のサービスの一つで，認知症高齢者を対象に少人数で共同生活をする施設である。したがって，Ａは認知症の診断もされていないということなので，②は適さない。③の小規模多機能型居宅サービスは，利用者の選択に応じて，施設への「通い」を中心として，短期間の「宿泊」や利用者の自宅への「訪問」を組合せ，家庭的な環境と地域住民との交流の下で日常生活上の支援や機能訓練を行う。対象は要支援・養介護の認定を受けた人なので，Ａは該当しないため③は適さない。⑤の定期巡回・随時対応型訪問サービスは，24 時間サービスを受けられる制度であるが，対象は要介護１～５の人なので，Ａは該当しないため⑤は適さない。

再確認・再検討については，①の基本チェックリストの再確認は，チェック内容は本人の状態に応じて変化するので必要なことである。④の地域ケア会議は，地域包括支援センターにおいて多職種が話し合い，個々の利用者のケアプランをチェック，検討するという目的で開催されるものである。地域の実情にそって，より良い地域包括ケア実現のために課題を的確に把握し，解決していく手段を導き出すもので必要なことである。

以上のことから，①と④が正答である。

選択肢の検討

① ○
② ×　認知症高齢者が対象である。
③ ×　要支援・要介護の認定を受けた人が対象である。
④ ○
⑤ ×　要介護１～５の認定を受けた人が対象である。

解　答　①，④

【辰已法律研究所の出口調査に基づく正答率と肢別解答率データです】

参考 / 2121 人肢別解答率 Data% by 辰已法律研究所										正答率 57.7%
No.175（解答欄）					No.176（解答欄）					
肢1	肢2	肢3	肢4	肢5	肢1	肢2	肢3	肢4	肢5	
58.2%	1.8%	1.7%	37.8%	0.2%	0.4%	0.0%	0.1%	60.7%	38.4%	

着 眼 点

本事例問題は，地域包括支援センターについての知識と，個別ケースを支援する場合の留意点を考えるものである。

地域包括支援センターで「介護予防・日常生活支援総合事業（総合事業)」を利用したいと申し出た際に，生活機能がどの程度低下しているかを判断するために使われるのが，基本チェックリストである（厚生労働省　基本チェックリスト)。利用者本人の状況を確認しつつチェックリストは実施されるが，基本チェックリストのチェック内容は，本人の状態に応じて変化するということを念頭においておく必要がある。

地域ケア会議で支援の方針が決定され，その方針に基づいて支援が行われていたが，Aがその支援を「終わりにしたい」と申し出たので，そのときに必要なことは①基本チェックリストの再確認と④地域ケア会議での支援方法の再検討である。

産業　2019－148

問148　30歳の女性A，会社員。ストレスチェックの結果，高ストレス者に該当するかどうかを補足的な面接で決定することになり，公認心理師がAの面接を行った。Aのストレスプロフィールは以下のとおりであった。「心理的な仕事の負担」は低い。「技能の活用度」，「仕事の適性度」及び「働きがい」が低い。「職場の対人関係のストレス」が高い。「上司からのサポート」と「同僚からのサポート」が低い。ストレス反応では，活気に乏しく疲労感と抑うつ感が高い。「仕事や生活の満足度」と「家族や友人からのサポート」が低い。

ストレスプロフィールを踏まえ，面接で把握すべき事項として，最も優先度の低いものを１つ選べ。

①　労働時間を尋ねる。
②　休日の過ごし方を尋ねる。
③　キャリアの問題を抱えていないか尋ねる。
④　上司や同僚との人間関係について尋ねる。
⑤　疲労感と抑うつ感は，いつ頃から自覚し始め，どの程度持続しているのかを尋ねる。

2019−148　ストレスチェック制度

問 148　30 歳の女性Ａ，会社員。ストレスチェックの結果，高ストレス者に該当するかどうかを補足的な面接で決定することになり，公認心理師がＡの面接を行った。Ａのストレスプロフィールは以下のとおりであった。「心理的な仕事の負担」は低い。「技能の活用度」，「仕事の適性度」及び「働きがい」が低い。「職場の対人関係のストレス」が高い。「上司からのサポート」と「同僚からのサポート」が低い。ストレス反応では，活気に乏しく疲労感と抑うつ感が高い。「仕事や生活の満足度」と「家族や友人からのサポート」が低い。

ストレスプロフィールを踏まえ，面接で把握すべき事項として，最も優先度の低いものを１つ選べ。

① 労働時間を尋ねる。
② 休日の過ごし方を尋ねる。
③ キャリアの問題を抱えていないか尋ねる。
④ 上司や同僚との人間関係について尋ねる。
⑤ 疲労感と抑うつ感は，いつ頃から自覚し始め，どの程度持続しているのかを尋ねる。

まず，選択肢を眺める。ストレスを抱えている人に対する質問として，「職歴」(③)，「人間関係」(④)，「疲労感と抑うつ感」(⑤) について尋ねるのは一般的である。それをストレスプロフィールに照らし合わせてみる。

「技能の活用度」「仕事の適性度」及び「働きがい」が低いので，③については把握すべきである。「職場の対人関係のストレス」が高く，「上司からのサポート」「同僚からのサポート」が低いので，④については把握すべきである。ストレス反応では，活気に乏しく疲労感と抑うつ感が高いので，⑤については把握すべきである。

残りの①②については，②に関して「仕事や生活の満足度」と「家族や友人からのサポート」が低いとあるので，日常生活とくに休日の過ごし方を尋ねる必要があると思われる。①に関して「心理的な仕事の負担」は低いということなので，仕事の負担を仕事内容よりも仕事量と考えれば，労働時間の影響は少ないと思われる。したがって，①は最も優先度の低いものである。

選択肢の検討

① ○
② × ストレスの解消に関係することなので尋ねてもよい。
③ × 仕事のストレス要因になるので尋ねる必要がある。
④ × 周囲のサポートに関することなので尋ねる必要がある。
⑤ × 心身のストレス反応を尋ねることは重要である。

解　答　①

【辰已法律研究所の出口調査に基づく正答率と肢別解答率データです】

参考 / 2121 人肢別解答率 Data% by 辰已法律研究所				正答率 41.8%
肢1	肢2	肢3	肢4	肢5
41.8%	26.0%	13.4%	5.0%	13.7%

着眼点

本事例問題の選択肢を選んだ割合は，①41.8%，②26.0%の二つが比較的高い。しかし，Aのストレスプロフィールを見ると，「心理的な仕事の負担」は低いという以外は問題があり，面接で把握すべき事項であることが分かる。したがって，仕事の量・質は負担になるほどのものではなかったと思われるので，①が最も優先度が低いと判断できる。なお，高ストレス者に該当するか否かを判断する面接を行う場合，事前に人事労務担当者等から，対象者に関する情報を入手しておくことが考えられ，労働時間に関する情報も含まれるであろう。そういう意味でも，面接で尋ねる必要のないことである。もちろん，「心理的な仕事の負担」が高いときには，再確認の意味で労働時間等について尋ねることはあると思われる。

「厚生労働省　ストレスチェック制度実施マニュアル」により，職業性ストレス簡易調査票の全 57 項目（短縮版は 23 項目）の内容は確認しておく必要がある。

心理学的支援　2019－152

問152　58歳の男性A。Aは仕事の繁忙期に寝つきが悪くなり，近所の内科で2か月前から睡眠薬を処方され服用していた。最近入床から1時間以上たっても眠れない日が増え，中途覚醒も認められるようになった。日中の疲労感が強くなってきたため，心療内科を受診した。不眠以外の精神疾患や身体疾患は認められず，主治医から公認心理師に心理的支援の指示があった。

Aへの対応として，適切なものを2つ選べ。

① 認知行動療法を勧める。
② 筋弛緩法を実践するように勧める。
③ これまでよりも早めに就床するように勧める。
④ 中途覚醒した際に寝床に留まるように勧める。
⑤ 夜中に起きた際には時計で時刻を確認するように勧める。

2019－152　認知行動理論

問 152　58 歳の男性Ａ。Ａは仕事の繁忙期に寝つきが悪くなり，近所の内科で２か月前から睡眠薬を処方され服用していた。最近入床から１時間以上たっても眠れない日が増え，中途覚醒も認められるようになった。日中の疲労感が強くなってきたため，心療内科を受診した。不眠以外の精神疾患や身体疾患は認められず，主治医から公認心理師に心理的支援の指示があった。

Ａへの対応として，適切なものを2つ選べ。

① 認知行動療法を勧める。
② 筋弛緩法を実践するように勧める。
③ これまでよりも早めに就床するように勧める。
④ 中途覚醒した際に寝床に留まるように勧める。
⑤ 夜中に起きた際には時計で時刻を確認するように勧める。

2019 問 64 の類似問題であり，「厚生労働省　e－ヘルスネット　不眠症」が参考になる。

まず，選択肢を眺めると，睡眠効率の低い「寝床にしがみつく習慣」といった不適切な対応が目につくが，それは③と④である。③は早めに就寝することを勧めるが,「眠くなるまで寝床に入らない」ということが適切である。また，④は中途覚醒した際に寝床に留まることを勧めるが,「眠れないまま寝床で過ごさない」ということが適切である。なお，⑤の夜中に起きた際には時計で時刻を確認するのは,「まだこんな時間か」と眠れないことに不安や焦りなどを生じさせてしまうので適切でない。

①の認知行動療法は，眠りに対する思い込みや強迫観念を正し，一人ひとりに合った睡眠習慣を見つけていく方法である。②の筋弛緩法は，リラックスするのに役立つことである。以上のことから，適切な対応は①と②である。

選択肢の検討

① ○
② ○
③ ×　「眠くなるまで寝床に入らない」が適切である。
④ ×　「眠れないまま寝床で過ごさない」が適切である。
⑤ ×　時刻を確認することで不安や焦りなどが生じてしまう。

解　答　①，②

【辰已法律研究所の出口調査に基づく正答率と肢別解答率データです】

参考 / 2121 人肢別解答率 Data% by 辰已法律研究所								正答率 37.8%	
No.173（解答欄）					No.174（解答欄）				
肢1	肢2	肢3	肢4	肢5	肢1	肢2	肢3	肢4	肢5
43.1%	52.5%	1.3%	2.8%	0.2%	0.7%	37.6%	2.1%	32.5%	26.0%

着 眼 点

不眠症とは，入眠障害・中途覚醒・早朝覚醒・熟眠障害などの睡眠問題が1か月以上続き，日中に倦怠感・意欲低下・集中力低下・食欲低下等の不調が出現する病気である。

不眠対処の第一歩は，ストレスや生活リズムの乱れ，環境等様々な不眠の原因を診断し，除去することである。さらに，自分に合った安眠法を工夫することも効果的である。

治療には服薬する場合もあるが，睡眠習慣を改善する治療法として認知行動療法がある。具体的には，以下のような方法がある。

⑴　寝床にしがみつかない

「眠くなるまで寝床に入らない」「眠れないままに寝床で過ごさない」の2つを実行し，寝床は眠れる場所だということを体に条件づける。

⑵　睡眠効率をアップさせる

睡眠効率とは，寝床にいた時間に対する実際に眠った時間の割合（実際に眠っていた時間÷寝床にいた時間）で，睡眠日誌をつけることで睡眠効率を最終的には 85～90%に上げていくことを目指す。

⑶　リラックスのために筋弛緩法を実行する

寝る前や夜中に目覚めたときに，簡単な体操を行う筋弛緩法を実行する。単に筋肉をほぐすだけでなく，副交感神経の働きでリラックスできる。

山口勝己　監著　プロフィール

大阪教育大学大学院教育学研究科修士課程修了

元創価大学教育学部教授（大学院文学研究科教育学専攻臨床心理学専修教授兼務）・心理教育相談室室長（2010～2013）・臨床心理士（1989～2019）

（主著）被虐待児童への治療的かかわり－児童相談所と児童養護施設の心理職の連携－創価大学教育学論集第58号，11－26，2007

子ども理解と発達臨床（単著）　北大路書房　2007

中学生の非行事例に関する一考察　教育学論集（創価大学教育学部・教職大学院）第60号，1－15，2009

200X年の決断　教育学論集（創価大学教育学部・教職大学院）　第61号，1－17，2010

子どもと大人のための臨床心理学（共著）　北大路書房　2012

心理学概論　山口勝己・田村修一共著　創価大学通信教育部　2014

2019年対策　公認心理師試験　事例問題の解き方本　辰已法律研究所　2019

公認心理師試験　事例問題の解き方本　PartⅡ　辰已法律研究所　2020

一般社団法人東京メディカルアンビシャス

一般社団法人東京メディカルアンビシャス（略称TMA）は，平成22年1月22日に設立された団体です。当法人は，人々の心理的支援の普及と研究開発に努めるとともに，これに携わる専門職の能力向上をはかり，その心理的サポートの維持発展に寄与することを目的とするものですが，今回の公認心理師制度の発足にあたり「現任者講習会」を実施するとともに（2018～2020年），公認心理師試験受験生のための様々な情報提供や書籍の企画・出版活動も行っています。所在地：東京都高田馬場，URL　https://medical－ambitious.or.jp/

辰已法律研究所（たつみ・ほうりつけんきゅうじょ）

1973年創立。司法試験・予備試験・司法書士試験・行政書士試験・社会保険労務士試験など法律系の国家試験の予備校として長年の実績があるが，今回公認心理師制度のスタートにあたって，公認心理師試験分野へ進出している。2018年京都コムニタスと提携してWeb講座を行うほか，公認心理師試験対策全国模擬試験を実施し6,000名近い受験生の登録を得た。2021年対策講座も展開中。URL　https://sinri－store.com/

公認心理師試験　事例問題の解き方本　partⅢ

令和3年4月30日　　初版　第1刷発行

監著　山口　勝己
発行者　後藤　守男
発行所　辰已法律研究所
〒169－0075
東京都新宿区高田馬場4－3－6
TEL．03－3360－3371（代表）

印刷・製本　壮光舎印刷（株）

ISBN978－4－86466－503－2

2021年9月実施

公認心理師試験

受験対策

京都コムニタス

Perfectプログラム

主催：京都コムニタス

〒601-8003 京都市南区東九条西山王町11白川ビルⅡ402

共催：辰已法律研究所

〒169-0075 東京都新宿区高田馬場4-3-6（Tokyo）
〒530-0027大阪府大阪市北区堂山町1-5 三共梅田ビル8F（Osaka）

第4回公認心理師突破！頑張りましょう・いまから・ここから

2018年 36,103名受験　28,574名合格　合格率79.1%
2019年 16,949名受験　　7,864名合格　合格率46. 4%
2020年 13,629名受験　　7,282名合格　合格率53.4%

2020年第3回試験の結果の合格率は、53. 4%でした。2019年試験の46.4%に比べると7%合格率が上がりましたが、受験者の約半数が不合格という点では昨年に続く難関でした。

しかし、公認心理師試験は選抜制の競争試験ではありません。一定の得点に達した人は全員合格となる資格試験です。つまり、競争相手の人数やレベルはこの試験には無関係であり、あなたは、自分ひとりが試験日までに試験委員の要求する総得点230点の60%得点を超える実力をつけるということだけを目指せばいいわけです。つまり競争相手はあなた自身ということです。

敵は客観的な問題群です。範囲は膨大であり、難度の高い問題も数多く出題されます。

しかし、恐れることはありません。いたずらに焦る必要もありません。必要な範囲の知識を・必要なレベルで且つ実戦で使えるように着実に獲得していけば60%の壁は必ず超えられます。

しかし時間はあまりありません（2021年試験は2021年9月が予定されています）。※下注

当パンフレットがご紹介しているのは、いまや公認心理師試験対策の第一人者といえる京都コムニタスが提供する「あなた自身が60%の壁を超えるためのプログラム」です。過去の教育実績と経験値そして徹底した本試験の分析を踏まえて作成されたプログラムです。どうぞ有効にご利用いただき、断固60%の壁を超えて下さい。

いまから・ここから
60%の壁は必ず超えられます

公認心理師試験　合格者Data

※注　実施時期：厚生労働省資料「今後の公認心理師試験のスケジュール（予定）
https://www.mhlw.go.jp/content/000664599.pdf

	2018		2019		2020	
性別	人数	割合(%)	人数	割合(%)	人数	割合(%)
男	7,234	25.3	2,207	28.1	2,022	27.8
女	21,340	74.7	5,657	71.9	5,260	72.2
計	28, 574		7,864		7,282	

	2018		2019		2020	
年齢区分	人数	割合(%)	人数	割合(%)	人数	割合(%)
～30	5,358	18.8	1,513	19.2	1,436	19.7
31～40	10, 126	35.4	2,270	28.9	1,778	24.4
41～50	7,387	25.9	2,078	26.4	2,051	28.2
51～60	4, 167	14.6	1,455	18.5	1,453	20.0
61～	1,536	5.4	548	7	564	7.7
計	28, 574		7,864		7,282	

受験区分	2018	2019	2020	2018	2019	2020	2018	2019	2020
	人数	人数	人数	割合(%)	割合(%)	割合(%)	合格率(%)	合格率(%)	合格率(%)
A									
B									
C	4	4	9	0	0.1	0.1%	100	66.7	100.0
D1	14, 840	1,879	798	51.9	23.9	11.0%	85.8	53.6	55.4
D2	1, 199	1,253	516	4.2	15.9	7.1%	74.6	58.8	61.6
E			758			10.4%			81.0
F									
G	12,531	4,728	5,201	43.9	60.1	71.4%	72.9	41.8	50.0
計	28, 574	7,864	7,282				**79.1**	**46.4**	**53.4**

A	大学及び大学院で、施行規則第1条及び第2条で定める科目を修めて卒業及び修了
B	大学で、施行規則第1条で定める科目を修めて卒業、かつ、施行規則第5条で定める施設で2年以上実務を経験
C	文部科学大臣及び厚生労働大臣が区分A及びBに掲げる者と同等以上の知識及び技能を有すると認定
D1	平成29年9月15日より前に、大学院で施行規則附則第2条で定める科目（科目の読替えあり）を修めて修了
D2	平成29年9月15日より前に大学院に入学し、同日以後に施行規則附則第2条で定める科目（科目の読替えあり）を修めて大学院を修了
E	平成29年9月15日より前に大学に入学し、施行規則附則第3条で定める科目（科目の読替えあり）を修めて卒業（又は履修中）し、平成29年9月15日以後に大学院で施行規則第2条で定める科目（科目の読替え対象外）を修めて修了
F	平成29年9月15日より前に大学に入学し、施行規則附則第3条で定める科目（科目の読替えあり）を修めて卒業（又は履修中）し、かつ、施行規則第5条で定める施設で2年以上実務を経験
G	平成29年9月15日に、法第2条第1号から第3号までに掲げる行為を業として行い（又は業務を休止・廃止してから5年以内）、①文部科学大臣及び厚生労働大臣指定の現任者講習会を修了し、かつ、②施行規則附則第6条で定める施設で5年以上実務を経験

2021年公認心理師対策
Perfectプログラム主催者

公認心理師 国試対策
京都コムニタス
KYOTO COMMUNITAS

京都コムニタス塾長
井上博文
大学では仏教学を専攻し、その後、大学院に進学し、博士号を取得。現在、REBT心理士(旧論理療法士)としても活躍中。日本人生哲学感情心理学会(旧名:日本論理療法学会)関西支部長、インストラクター及びカウンセラー

京都コムニタスは2004 年に開塾した心理系大学院受験・大学学部編入の専門予備校です。
17年間で充実した合格実績を誇ります。そして2018年第1回公認心理師試験対策から公認心理師試験分野に進出し、2018年・2019年・2020年と多数の受験生を支援してきました。
受験生の約半数が残念ながら不合格という受験状況を踏まえて、2021年に一人でも多くの合格者の誕生に手を貸すことができるように、いま新たな思いで挑戦を開始しています。

●塾長メッセージ
大学院入試を経験された方はご存知かと思いますが、大人になってからの受験は、生徒・学生時の受験より数段緊張します。特にキャリアチェンジとなる場合、その度合いはMAXです。当塾の卒業生からは、院修了後試験勉強から遠ざかっていたり、基礎領域の心理学に不安があるといった声も多く寄せられています。例えば、正の強化・負の強化、正の罰・負の罰がありますが、違いをしっかり整理できているでしょうか?本講座ではそのような声を反映し、理解しやすいテキストの作成を行っています。ぜひご一緒に、公認心理師４期生を目指しましょう!

〒601-8003 京都市南区東九条西山王町11白川ビルⅡ402 HP:https://kyoto-com.net/
TEL:075−662−5033 FAX:075−662−1285 E-mail:info@kyoto-com.net

2021年公認心理師対策Perfectプログラム 共催 辰已法律研究所

東京〒169-0075 東京都新宿区高田馬場4-3-6
TEL 03-3360-3371(代)
大阪〒530-0027 大阪府大阪市北区堂山町1-5
三共梅田ビル8F TEL 06-6311-0400(代)

https://www.tatsumi.co.jp/

「あなたの熱意・辰已の誠意」

これが、辰已法律研究所の永遠のコンセプトです。
当研究所は、司法試験の受験指導機関として1973年に誕生しました。
以来、50年近く数え切れない司法試験合格者を法曹界へと送り出しつつ、さらにロースクール入試、司法書士試験、行政書士試験、社会保険労務士試験、弁理士試験などの対策講座を立ち上げ、法律系資格受験予備校としての確固たる地位を誇っています。もしもあなたの身近に法曹がいらしたら、「辰已法律研究所ってどんな学校か」と聞いてみて下さい。辰已がいかに群を抜く信頼を得ている予備校であるかをお分かりいただけることと思います。

その辰已法律研究所が、2018年公認心理師試験元年から、京都コムニタスと提携して新しく公認心理師試験対策に携わり以来全力投球をしています。 当研究所の予備校としての長年のノウハウと京都コムニタスの深い心理系コンテンツが融合するところから、他にはないユニークな公認心理師試験対策を生み出していきます。

Pamphlet目次

2021年は、こう攻めて制覇しよう！

京都コムニタス
2021公認心理師試験合格戦略

このプログラムの効果は、過去3回の試験で多くの合格者が実証しています。
INPUTと**OUTPUT**をガッチリ組み合わせた構成がきわめて効率的・効果的です。

INPUT

試験範囲全24分野
完全網羅

知識インプット講義
2時間
＋
当該範囲の演習問題25問
を素材とした講義2時間
これを
25コマ＝100時間

全**100**時間

Output

試験範囲全24分野
完全網羅

角度を変えて
万全の

全**608**問

制覇

※プレ模試と基本問題模試は、問題の性質上2020年対策と同じ問題となりますので、以前購入された方は購入されませんようご注意ください。

2021年 公認心理師試験対策講座100時間

国試出題範囲24分野に完全対応しています。

心理査定 8h	心理的 アセスメント ①②	福祉/司法 /産業 12h	福祉心理学 /司法・犯罪心理学 /産業・組織心理学
心理学的 支援法8h	心理学的支援法 ①②	概論4h	心理学・臨床心理学概論
教育 /障害者8h	障害者(児)心理学 教育・学校心理学	心理学 研究法系4h	心理学研究法 /心理学実験 /心理学統計法
公認心理 師法系 12h	公認心理師の職責 関係行政論 (医療)(福祉)(教育) (司法)(産業)	心理学基礎 ・応用領域系 28h	神経・生理心理学 /人体の構造と機能及び疾病 /知覚・認知心理学 学習・言語心理学 /感情・人格心理学 /社会・集団・家族心理学 /発達心理学①②
健康・医療 /精神疾患 12h	健康・医療心理学 精神疾患と その治療①②	事例対策編 4h	事例対策

※詳細はP4

2021試験対策 Output体系

↑スマホで申込

プレ模試 1回 90分50問 **1/15**から随時発送中
（会場受験無し・通信Web受験のみ）

送付されてくる問題冊子に指定時間通り解答し、Webで解答を入力→その時点での全国受験者中の個人成績表をWeb上直ちに閲覧可能です。

基本問題模試100問×2回 第**1**回**2/26**～発送開始 第**2**回**3/26**～発送開始、
（会場受験無し・通信Web受験のみ）

送付されてくる問題冊子に指定時間通り解答し、Webで解答を入力するとその時点での全国受験者中の個人成績をWeb上直ちに閲覧可能です。解説講義付き有り。

事例模試1回 100分50問 **2021/6/22**発送開始
（会場受験無し・通信Web受験のみ）

送付されてくる問題冊子に指定時間通り解答し、Webで解答を入力するとその時点での全国受験者中の個人成績をWeb上直ちに閲覧可能です。解説講義付き有り。

全国公開模試2回 **❶2021年5月下旬～6月上旬実施** **❷2021年7月下旬～8月上旬実施**

本試験仕様の完全版・3年連続業界最大規模の全国公開模擬試験
受験者数：2018年2,961名 /2019年1,194名/ 2020年930名
●通信受験：Web上で解答する方式 or マークシート郵送方式

2021	プレ模試	試験対策講座100時間	基本問題模試	事例模試
1月	通信受験のみ 好評受付中 2021 1/15から申込に応じて随時発送中	初回動画配信開始＆DVD発送開始日 2021.2.25その後順次配信・発送	通信受験のみ 好評受付中	通信受験のみ 好評受付中
2月		[知識インプット講義2h＋演習問題25問解説講義2h]×25コマ 合計講義100時間＆演習650問	第1回 2021/2/26から発送開始	
3月		なお、当講座においてはお手許に印刷物をお届けします。（Pdfダウンロード方式では学習に不便なので印刷物をお手許にお届けする方式をとっています。）	第2回 2021/3/26から発送開始	
4月		❶知識インプット講義Resume ❷演習問題冊子＆解説書		
5月〜9月		※当講座の演習は、全て自己採点方式であり、採点の集計・個人成績表はありません。		2021 6/22から発送開始

公認心理師本試験 9月に実施　厚生労働省資料から

2021公認心理師試験説明会

❶第3回公認心理師試験の総括 1h
❷第3回公認心理師試験の傾向と今後の対策 1h
京都コムニタス主任講師 吉山宜秀他
YouTube2/25 配信開始予定

http://bit.ly/3qBZmKp

全国模試 第1回 5月／6月

◆会場受験or通信受験

1回目の会場受験については東京/大阪/名古屋/福岡(京都なし)を予定しておりますが、緊急事態宣言の発出状況によっては会場受験を行わない可能性があることをご了承下さい。※注1

全国模試 第2回 7月／8月

◆会場受験or通信受験

2回目の会場受験については東京/大阪/京都/名古屋/福岡を予定しておりますが、緊急事態宣言の発出状況によっては会場受験を行わない可能性があることをご了承下さい。※注1

注1 全国模試の会場受験の実施の有無は、コロナ感染状況＆緊急事態宣言の発出状況に応じて、4月中旬までに決定致します。
●会場受験実施の際は、通信受験を申し込まれた方には、決定次第メールで通学会場受験への優先振替のご案内を致します。

2021年試験対策完璧パック

INPUT		OUTPUT	（試験対策講座の演習問題を含めると計1258問）	定価	パック割引価格	講座コード
試験対策講座 100h Web受講	プラス	プレ模試1回 &基本問題模試2回 &事例模試1回 &全国模試2回	①基本問題模試が解説講義DVD視聴付きの場合	¥236,500	¥224,700	E1042T
			②基本問題模試が解説講義Web視聴付きの場合	¥234,600	¥222,900	E1041T
			③基本問題模試が説講義無しの場合	¥231,700	¥220,100	E1040T
試験対策講座 100h DVD受講	プラス	プレ模試1回 &基本問題模試2回 &事例模試1回 &全国模試2回	①基本問題模試が解説講義DVD視聴付きの場合	¥261,500	¥248,400	E1045T
			②基本問題模試が解説講義Web視聴付きの場合	¥259,600	¥246,600	E1044T
			③基本問題模試が説講義無しの場合	¥256,700	¥243,900	E1043T

※試験対策講座100時間の科目別申込及び科目Set申込はP5～　※注 2021年版のプレ模試、基本問題模試と2020年試験対策版は同一内容です。

Input系 試験対策講座100時間 一括申込み

100時間一括	辰已割引価格	代理店価格	講座コード
WEB受講	¥197,500		E1011E
DVD受講	¥222,500	¥211,375	E1011R

試験範囲全24分野を完全制覇
「聴いて・解いて・聴く」

※試験対策講座の科目別申込＆Set申込はP5～

※Web受講は動画配信システムの都合上Web上での申込に限らせて頂き代理店での販売はありません。

Output系 模試一括申込み　プレ模試1回＋基本問題模試2回+事例模試1回＋全国公開模試2回 総合計608問

OUTPUT 模試一括		定価	パック割引価格	講座コード
プレ模試1回 &基本問題模試2回 &事例模試1回 &全国模試2回	①基本問題模試が解説講義DVD視聴付きの場合	¥41,000	¥39,000	E1048T
	②基本問題模試が解説講義Web視聴付きの場合	¥39,000	¥37,100	E1047T
	③基本問題模試が説講義無しの場合	¥36,000	¥34,200	E1046T

※注 2021年版のプレ模試、基本問題模試と2020年試験対策版は同一内容です。

※模試ごとの詳細は
・プレ模試 P.8
・基本問題模試 P.9
・事例模試 P.8
・全国模試 P.10
をご覧ください。

ご注意！

※①緊急事態宣言が発出されていることを鑑み、全国模試 会場受験につきましては4月までお申込み受付を見合わせ、通信受験のみお申込みを受け付けさせていただきます。
※② 4/11までに上記の完璧パック・模試一括をお申込みいただいた方へは、全国模試会場受験実施の有無および、会場受験実施の場合は通信⇒会場受験への振替方法をメールでお知らせしますので、受信可能なメールアドレスでお申込みください。携帯のメールアドレスでお申込みされる方は、@sinri-store.comからのメールが受信可能な形に、設定をご確認ください。
※③ 全国模試の通信受験と会場受験の受験料は同額のため、差額をお支払いいただく必要はございません。
※④ 全国模試会場受験を実施の場合、通信⇒会場受験への振替は先着順での受付となります。

Input 試験対策講座100時間 一括申込み

100時間一括	辰已価格	代理店価格	講座コード
WEB受講	¥197,500		E1011E
DVD受講	¥222,500	¥211,375	E1011R

試験範囲全24分野を完全制覇
「聴いて・解いて・聴く」

※試験対策講座の科目別申込＆Set申込は P5/P6

※Web受講は動画配信システムの都合上Web上での申込に限らせて頂き代理店での販売はありません。

苦手分野克服SET 弱点は残さない・徹底的にやろう

人気セット 心理学未修者用セット

・心理学未修者
・他学部から臨床心理士指定大学院に進学された方などにお薦めの【基礎・応用心理学ひとまとめ】Set

- 心理的アセスメント ①4h ②4h
- 心理学概論／臨床心理学概論 4h
- 知覚・認知心理学 4h
- 感情・人格心理学 4h
- 心理学的支援法 ①4h ②4h
- 心理学研究法／心理学実験／心理学統計法 4h
- 学習・言語心理学 4h
- 社会・集団・家族心理学4h
- 発達心理学 ①4h ②4h

講義48h 演習問題300問

苦手を潰す 法律系科目セット

心理系大学院修了後間もない等、心理学に自信のある方にお薦め

- 公認心理師の職責 4h
- 関係行政論①医療・福祉 4h
- 関係行政論②教育/司法/産業 4h

講義12h 演習問題85問

医療系科目セット

高出題比率の健康・医療心理学／精神疾患とその治療及び、苦手な方の多い神経・生理心理学／人体の構造と機能及び疾病を組み合わせた効率重視セット

- 健康・医療心理学 4h
- 精神疾患とその治療①4h ②4h
- 神経・生理心理学／人体の構造と機能及び疾病 4h

講義16h 演習問題100問

点を稼ぐ 事例系科目セット

これは便利！高配点の事例問題に出題されやすい科目を集めました。事例対策の決定版Setです。

- 教育・学校心理学 4h
- 健康・医療心理学 4h
- 福祉心理学 4h
- 司法・犯罪心理学 4h
- 産業・組織心理学 4h
- 精神疾患とその治療①4h ②4h
- 事例対策 4h

講義32h 演習問題200問

※事例系科目セットと医療系科目セットの[精神疾患とその治療①4h ②4h]は同一内容です。

※Webでの講義受講は動画配信システム管理上Web上での申込に限らせて頂きますので代理店での販売はありません。ご注意ください。

苦手分野克服セット	Web受講			DVD受講			
	受講料(税込)		講座コード	受講料(税込)			講座コード
	科目別合計価格	辰已割引価格		科目別合計価格	辰已割引価格	代理店価格	
❶心理学未修者用セット 48時間	¥141,600	¥118,600	E1012E	¥153,600	¥130,600	¥124,070	E1012R
❷医療系科目セット 16時間	¥47,200	¥39,500	E1013E	¥51,200	¥43,500	¥41,325	E1013R
❸法律系科目セット 12時間	¥35,400	¥29,600	E1014E	¥38,400	¥32,600	¥30,970	E1014R
❹事例系科目セット 32時間	¥94,400	¥79,100	E1015E	¥102,400	¥87,100	¥82,745	E1015R
◆全科目一括申込 100時間 (Web受講33%off)	¥295,000	¥197,500	E1011E	¥320,000	¥222,500	¥211,375	E1011R

※[精神疾患とその治療①4h②4h]は、事例系科目セットと医療系科目セット共通のものです。

※全科目一括及び苦手分野克服setは、一括割引&Set 割引価格となっています。
※科目別の申込も可能です。科目別受講料はp6の表をご覧下さい。

※お申込は発送日の前後を問わず、随時受け付けます。

※Webでの講義受講は動画配信システム管理の都合上辰已法律研究所のWEBサイトでの申込に限らせて頂きますので代理店での販売はありません。ご注意ください。

2021公認心理師試験対策講座 **科目別申込**			コマ数	講義時間	演習問題数	収録	WEB受講 受講料(税込) 辰已価格	WEB受講 申込講座 コード	DVD受講 受講料(税込) 辰已価格	DVD受講 受講料(税込) 代理店価格	DVD受講 申込講座 コード	DVD発送 Web配信 開始日
1	心理査定	心理的アセスメント①	1	8	25	★	23,600	E1016E	25,600	24,320	E1016R	3/25(木)
2		心理的アセスメント②	1		25	★						
3	心理学的支援法	心理学的支援法①	2	8	50		23,600	E1017E	25,600	24,320	E1017R	2/25(木)
4		心理学的支援法②										
5	教育／障害者	障害者(児)心理学	1	4	25	★	11,800	E1018E	12,800	12,160	E1018R	4/28(水)
6		教育・学校心理学	1	4	25	★	11,800	E1019E	12,800	12,160	E1019R	4/28(水)
7	公認心理師法系	公認心理師の職責	1	4	25	★	11,800	E1020E	12,800	12,160	E1020R	3/25(木)
8		関係行政論①(医療・福祉)	2	8	30	★	23,600	E1021E	25,600	24,320	E1021R	4/28(水)
9		関係行政論②(教育・司法・産業)			30	★						4/28(水)
10	健康・医療/精神疾患	健康・医療心理学	1	4	25	★	11,800	E1022E	12,800	12,160	E1022R	3/25(木)
11		精神疾患とその治療①	2	8	50		23,600	E1023E	25,600	24,320	E1023R	2/25(木)
12		精神疾患とその治療②										
13	福祉／司法／産業	福祉心理学	1	4	25		11,800	E1024E	12,800	12,160	E1024R	2/25(木)
14		司法・犯罪心理学	1	4	25	未定	11,800	E1025E	12,800	12,160	E1025R	4/28(水)
15		産業・組織心理学	1	4	25	★	11,800	E1026E	12,800	12,160	E1026R	4/28(水)
16	事例対策	事例対策	1	4	40	★	11,800	E1027E	12,800	12,160	E1027R	4/28(水)
17	心理学/臨床心理学概論	心理学概論／臨床心理学概論	1	4	25		11,800	E1028E	12,800	12,160	E1028R	2/25(木)
18	心理学研究法系	心理学研究法／心理学実験 心理学統計法	1	4	25	★	11,800	E1029E	12,800	12,160	E1029R	5/25(火)
19	心理学基礎/応用領域系	神経・生理心理学／人体の構造と機能及び疾病	1	4	25		11,800	E1030E	12,800	12,160	E1030R	2/25(木)
20		知覚・認知心理学	1	4	25	★	11,800	E1031E	12,800	12,160	E1031R	3/25(木)
21		学習・言語心理学	1	4	25	★	11,800	E1032E	12,800	12,160	E1032R	4/28(水)
22		感情・人格心理学	1	4	25	★	11,800	E1033E	12,800	12,160	E1033R	4/28(水)
23		社会・集団・家族心理学	1	4	25		11,800	E1034E	12,800	12,160	E1034R	2/25(木)
24		発達心理学①	2	8	50		23,600	E1035E	25,600	24,320	E1035R	2/25(木)
25		発達心理学②										

※お申込は発送日の前後を問わず、随時受け付けます。

★印は2021年版の新規収録です。それ以外は、2020年版と同一内容ですので、既に2020年版をご購入の方はご注意下さい。

2019年受験者TKさんからのメール

TKと申します。お礼をしたくてメールさせて頂きました。去年はダメでリベンジでした。どうしても合格したくて全科目DVDを申し込みました。公認心理師対策全科目DVD、模試、一問一答と、とても役に立ちました。特にDVD全科目はわかりやすくてやり易かったです。おかげで合格しました。講師の先生方、スタッフの皆様、本当にありがとうございました。

公認心理師試験断固突破の書籍

A5判約373頁
価格￥3,080（税込）

A5判457頁
価格￥3,465（税込）

公認心理師本試験の完全再現＆完全解説版
●解説は公認心理師試験対策講座のフロントランナー京都コムニタスが責任執筆・受験生本位の解説
【本書の類書にない特色】
1.これは便利！ユニークな問題・解説の表裏一体構成！
表に問題・裏面に解説（表裏一体）という製本になっていますので、先ず集中して問題を解き、直ちにその問題の解説と解き方を学ぶことができます。
2.全問題に辰已法律研究所が収集した2,000名近い受験生の肢別の解答率を添付してあります。
みんながどこに引っ掛けられたかが歴然。その肢が、またその問い方がまた狙われます。

2020年度版
Coming
Soon
※出版時期は下記QRコードのサイトに掲載します。

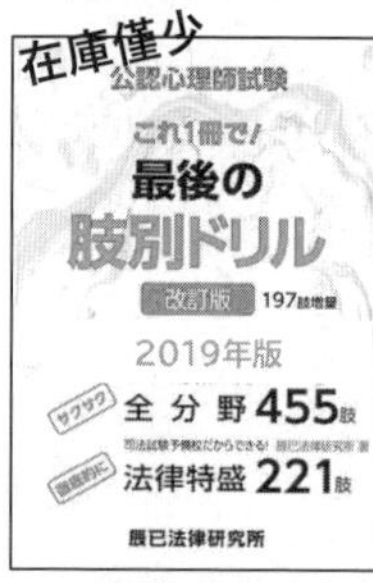

B5判141ページ
価格￥2,530（税込）

B5判181ページ
価格￥2, 860（税込）

◆Concept1 心理系予備校と法律系予備校の強力タッグ
本書は2部構成です。第1問題です。心理系の知識をよくチェックしてください。
第2部は「法律問題の特盛」と称し，辰已法律研究所が責任編集。公認心理師法や関係行政法令に関する知識のまとめと肢別チェックを並べました。取っ付きにくい法律の知識が整理して得られるようになっています。

◆Concept2 1問1答形式
公認心理師試験では多肢選択式により細部についても問われ、受験者には正確な知識が要求される。そこで，本書では1つ1つの肢を○×でチェックしてもらいます。

2020年度版
Coming
Soon
※出版時期は下記QRコードのサイトに掲載します。

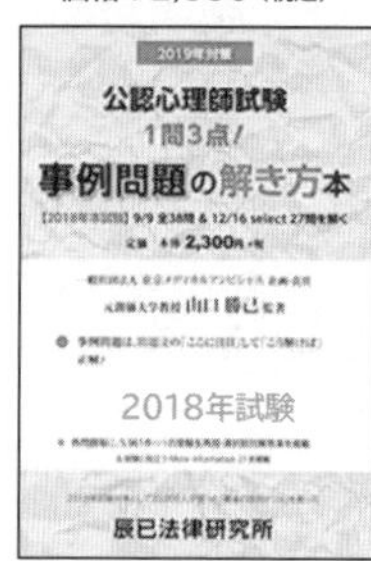

A5判272ページ
価格￥2,530（税込）

A5判約300ページ
価格￥2,530（税込）

一般社団法人東京メディカルアンビシャス企画・責任
元創価大学教授 山口勝己 監著

◆事例問題は得点源！
本試験の事例問題の解説書であると同時に事例問題の読み方・解き方を伝授。合格者が絶賛。
2018年版と2019年版を合わせると123問の事例問題を解くことができ、事例問題を解く発想法がよく理解できます
これは便利！ユニークな問題・解説の表裏一体構成！
表に問題・裏面に解説（表裏一体）という製本になっていますので、先ず集中して問題を解き、直ちにその問題の解説と解き方を学ぶことができます。

2020年度版
Coming
Soon
※出版時期は下記QRコードのサイトに掲載します。

B5判64ページ
価格￥930（税込）

●公認心理師試験　業界初のユニークな切り口の雑誌

◆Contents1　合格DATAのリアル
辰已法律研究所だけが保有する2,121件の2019受験生再現リアルDATAを駆使して、受かるためのデータ分析をしました。どうやって、確実に、140点をクリアするのかを分かりやすくシミュレートしています。
◆Contents2　合格体験のリアル
145人の直近合格者に聴きました。
勉強法：これは成功/これは失敗
試験直前期1週間前/前日/当日の過ごし方　ナルホド事例
◆Contents3　ブループリントのリアル
BPが出す、というところ と、出たところは違う。
ブループリントここが変わった・ここが危ない

最寄りの大手書店でお求めください。

辰已法律研究所サイトでオンラン販売をしております。

https://bit.ly/3bpjUPV

2021試験対策
京都コムニタスOutput体系

試験対策講座100時間の説明はp4

●プレ模試 WEB受験　1月Start～9月

通信受験
会場受験なし

全50問90分試験をいつでも自宅で

本試験の傾向を徹底分析して50問にギュッと凝縮しました。
本格的な勉強のスタートにあたって、先ずこのプレ模試でざっくりとご自分の弱点科目や苦手分野をつかんでください！知識問題40問･事例問題10問
ご自身の傾向分析後、2021 公認心理師試験対策講座の受講パターン（全科目一括、セット受講、科目別受講）をご検討ください。

●出題数
知識問題：40問
事例問題：10問

●WEBでの解答方式です。
解答入力後すぐにあなたの得点、全体平均点、順位、偏差値を閲覧できます。さらに･･･
全国の受験生の肢別解答率が閲覧できます。
そのデータは解答入力者が増えるに従ってリアルタイムに変化していきます。

肢別解答率

解答No	あなた	正答	配点	正解率	肢1	肢2	肢3	肢4	肢5
問1	2	2	3	72.2	15.2	72.2	5.0	3.6	3.1
問2	3	3	3	85.3	4.8	0.7	85.3	6.7	1.7
問3	4	4	3	72.9	2.4	2.4	6.9	72.9	14.5
問4	3	3	3	87.4	5.0	1.4	87.4	4.8	0.2
問5	3	3	3	73.6	16.4	1.4	73.6	5.2	2.4

画像イメージです

※肢別解答率からは色々な事がわかります。正解率が高ければ簡単な問題，低ければ難しい問題です。正解率の高い問題を間違えると致命傷になります。逆に，正解率の低い問題ならば，間違っても大きな痛手にはなりません。要は，いつも多数派に属しているかどうかが重要です。復習する際も，優先順位としては自分が間違えた問題のうち，正解率の高いものから知識を正確にしていきましょう。

◆申込締切：第4回本試験の11日前
◆Web解答／成績閲覧期間
　2021/1/15～第4回本試験前日

受験料(税込)		講座コード
辰已価格	代理店価格	
¥3,600	¥3,420	E1001T

※お得な**全模試一括割引申込**¥34,200他はp11

スマホなら下の
QRコードから申込可能

●事例模試 WEB受験　6月Start～9月

通信受験
会場受験なし

事例問題だけ
全50問100分試験をいつでも自宅で

教材作成責任者　京都コムニタス主任講師
吉山宜秀からメッセージ

事例問題は、事例を読み取る力だけでなく、検査や支援、精神疾患、初期対応や緊急対応など、幅広い知識が問われる総合問題になっています。
配点が高く、重要度の高い事例問題だけを集中的に解答し、試験の実践力を修得してください。

公認心理師本試験は全154問で構成され、そのうち単純知識問題が116問、事例問題が38問あります。
単純知識問題は116問解いて116点満点のところ、事例問題は38問解いて114点と高配点です。
事例問題は1問3点のため、得点できるかどうかで合格を大きく左右します。
この模試で事例問題に慣れ、得点源にしてください。

●出題数
事例問題：50問

●WEBでの解答方式です。
解答入力後すぐにあなたの得点、全体平均点、順位、偏差値を閲覧できます。さらに･･･
全国の受験生の肢別解答率が閲覧できます。
そのデータは解答入力者が増えるに従ってリアルタイムに変化していきます。

注意：解答の提出はWebでのみ行っていただきますので、解答を提出し自分の成績を閲覧するには、Webとの接続環境があることが前提となります。紙のマークシートの提出はありませんので、ご注意ください。

◆申込締切：第4回本試験の11日前

◆発送期間：2021年6月22日（火）～第4回試験9日前

◆Web解答／成績閲覧期間：
　2021/6/22～第4回本試験前日

スマホなら下の
QRコードから申込可能

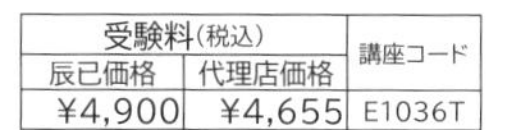

受験料(税込)		講座コード
辰已価格	代理店価格	
¥4,900	¥4,655	E1036T

※お得な**全模試一括割引申込**¥34,200他はp11

●基本問題模試100問×2回 2月＆3月Start ～9月 通信受験 会場受験なし

第3回本試験での合格率を比較すると、
全体では53,4％ですが、心理系大学院を出ているDルート受験者は、55.4％(D1)、61.6％(D2)、さらに大学＆大学院のEルート受験者の合格率は81.0％でした。
一方、現任者(Gルート)受験者の合格率は50.0％という結果で、かなり差がついています。

ここからわかることは、
やはり心理学の勉強がこの試験の合格に有利に働くということです。
だからといって、既に仕事をお持ちの方が、大学・大学院に入り直すというのは無理な話です。
そこで、心理系の基本的な知識をいかに効率的に習得するかということが公認心理師対策として最大のポイントとなります。
膨大な試験範囲のどこから手をつけるか、重要度の高いキーワードは何か、心理学を勉強してきた方なら迷わない基本的／基礎的な理解・知識とは何か、これらが合格のために重要であることは多くの方が感じていると思われます。

当<基本問題模試>は、
心理学の基本／基礎知識を
解きながら身に付ける
という実戦的なコンセプトで
作成されています。

重要なキーワードがどのような形で問われるのかを実際の問題で確認しながら、答えられないところを重点的にチェックしていただきます。
これで短期間で急速に[基本的な得点力]をアップできます。

100問×2回＝200問で
試験範囲をALLカバー！
出題順が[分野別]なのでgood！

出題の順番は科目ごとに配列してありますから科目毎に知識を得やすく、勉強しやすくなっています。

当基本問題模試の出題の仕方	分野A	分野B	分野C	分野D	分野E
一般の模試出題	分野B	分野D	分野A	分野E	分野C

※200問の問題配列は図の上のようにしているので、1回分だけでも全範囲を学習できます。

※基本問題模試は、基本的問題という問題の性質上、2021年版と2020年版はほぼ同一内容となりますので、2020年版以前のものを既にご購入の方は、2021年版を購入される必要はありません。

解く 問題を解くことを通して知識を身に付けていただきます。わからないところは△などのマークをつけて進めてください。

読む 解き終わって解説書を読むときは、間違ったところ、記憶があいまいだったところを先にチェックし、その後できるだけ全ての解説に目を通してください。

聴く **オプション Point解説講義**

京都コムニタス主任講師　吉山宜秀先生によるPoint解説講義付コースも設定しました。100問×2回の中で特に重要な問題や知識にスポットをあて、スピード解説していきます。自分だけで100問を解き、読み込んでいくには相当な時間がかかると思いますが、このPoint解説講義を先に聞いてから学習すれば、メリハリのきいた学習も可能となります。

・Point解説講義①(120分)：基本問題模試100第1回に対応
・Point解説講義②(120分)：基本問題模試100第2回に対応

学習方法は自在に
❶まとめて時間どおり(1回100分)解いてから復習する方法
❷1問解く毎にその問題の解説を見ながら復習する方法
あなたの学習スタイルにあわせてカスタマイズし下さい。
なお、間違った問題の間違った肢だけを読むのではなく全ての肢の解説に目を通し、周辺知識を増やしていただくことが効果的です。

基本問題模試2回		受験料(税込) 辰已価格	受験料(税込) 代理店価格	講座コード
2回一括	DVD解説有	¥18,000	¥17,100	E1010T
	WEB解説有	¥16,000		E1009T
	解説講義無	¥13,000	¥12,350	E1008T
1回目のみ	DVD解説有	¥9,800	¥9,310	E1004T
	WEB解説有	¥8,800		E1003T
	解説講義無	¥7,000	¥6,650	E1002T
2回目のみ	DVD解説有	¥9,800	¥9,310	E1007T
	WEB解説有	¥8,800		E1006T
	解説講義無	¥7,000	¥6,650	E1005T

※お得な**全模試一括割引申込**¥34,200他はp11
※Webでの講義受講は動画配信システム管理の都合上辰已法律研究所のWEBサイトでの申込に限らせて頂きますので代理店での販売はありません。ご注意ください。

◆申込締切：第4回本試験の11日前
◆教材発送期間
・第1回：2021年2月26日～第4回本試験9日前
・第2回：2021年3月26日～第4回本試験9日前
◆Web解答／成績閲覧期間
・第1回：2021/2/26～第4回本試験前日
・第2回：2021/3/26～第4回本試験前日

スマホなら右記QRコードからも申込可能

■全国模試

第1回5月/6月
第2回7月/8月

通信受験
会場受験 実施可否は
4月にお知らせします

①ブループリント ②2018・2019・2020年本試験 ③試験委員の研究履歴
④隣接資格の国家試験　その総合的分析を踏まえて2021問題を徹底予想！

第1回　2021年5・6月実施は**基礎**　押さえておきたいキーワードを、各分野から満遍なく出題。
苦手分野が一目瞭然になるように設計→学習目標が明確になる

第2回　2021年7・8月実施は**実戦**　本試験を完全に想定した実戦問題をメリハリをつけて出題。
自分のレベルを全国規模で判定し、本試験合格に向けて直前の追い込みに活用。

実受験者数 3年連続NO1！

当模試は2018・2019・2020年の3年間常に業界最大規模で実施しています。
全国から優秀な受験生が多数受験することにより、あなたの全国レベルでの位置、偏差値などを客観的に判断することができます。

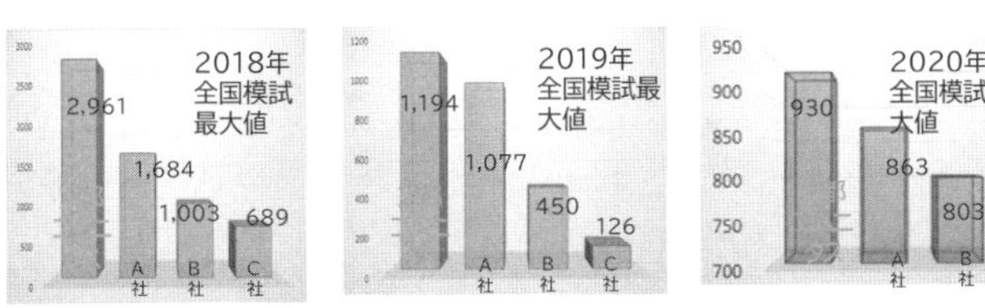

※2018 ～2020年実施の公認心理師模試において、各社の模試において受験生に配布した成績表に記載の受験者数最大値を引用。

当模試は❶良く当たる❷問題が練られている❸解説書がていねい、と定評があります。

2020年本試験出題論点
2020全国公開模試出題論点
2020事例模試出題論点
2020プレ模試出題論点

2020年本試験的中一覧を公開します。

http://bit.ly/3rMdZea

的中！
●本試験　問10
E. C. Tolmanは、ラットの迷路学習訓練において、訓練期間の途中から餌報酬を導入する実験を行っている。この実験により明らかになったこととして、最も適切なものを1つ選べ。
① 回避学習
② 観察学習
③ 初期学習
④ 潜在学習

◆全国模試　第3回　問86
E. C. Tolman が提唱した認知地図に関連する概念として、最も適切なものを1 つ選べ。
① 試行錯誤学習
② 潜在学習
③ 洞察学習
④ 社会的学習
⑤ 観察学習

的中！
●本試験　問16
精神分析理論の防衛機制に関する実験的研究の結果を基盤に発展した心理検査として、最も適切なものを1つ選べ。
① SCT
② TAT
③ MMPI
④ P-Fスタディ
⑤ ロールシャッハ・テスト

◆全国模試　第3回　問128
P-F スタディの実施と解釈について、適切なものを2 つ選べ。
① 攻撃性の方向が内外ともに向けられずに回避される反応を自責反応と解釈する。
② S. Freud の精神分析学を実験的に研究するため創始された。
③ 心の理論の能力を評価する神経心理学
…場合、ステレオタイプな
…ることができる。
…生理学的水準である
…。

的中！
●本試験　問56
学校保健安全法及び同法施行規則について、正しいものを2つ選べ。
① 通学路の安全点検について、学校は一義的な責務を有する。
② 児童生徒等の健康診断を毎年行うかどうかは、学校長が定める。
③ 学校においては、児童生徒等の心身…
談を行う。
④ 市町村の教育委員会は、翌学年度の…
の健康診断を行う。
⑤ 児童生徒等の健康診断の結果が児童…
されるのは、30 日以内と定められてい…

◆プレ模試　問7
学校保健安全法に規定されている内容と…
1 つ選べ。
① 校長は、毎学年定期に、学校の職員の…
ければならない。
② 都道府県の教育委員会は、翌学年の…
させるべき者の健康診断を行わなければ…
③ 学校には、保健室を設けるよう努めなければならない。
④ 学校に…童生徒等及び職員の健康の保持増進を図ることを目…法律である。

的中！
●本試験　問116
動機づけ面接の基本的スキルとして、不適切なものを1つ選べ。
① クライエントが今までに話した…
めて聞き返す。
② クライエント…
ような質問を…
③ クライエント…
の心の動きにも…
④ クライエントの…
に、言葉を選んで…
⑤ クライエントの…
し、クライエントの価…
…の中からポジティブな部分を強調
…値を認める。

◆全国模試　第1回　問20
動機づけ面接の中核スキルとして、不適切なものを1つ選べ。
① 直面化
② 開かれた質問
③ 要約
④ 是認
⑤ 聞き返し

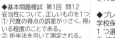

的中！
●本試験　問12
質問紙法を用いたパーソナリティ検査について、正しいものを1つ選べ。
① 検査得点の一貫性のことを妥当性という。
② α係数は、検査項目の数が多いほど、低い値をとる。
③ 再検査法では、時点の検査得点…
い、検査の安定性をみる。
④ 検査が測定しようとしているも…

◆基本問題模試　第1回　問12
妥当性について、正しいものを1つ…
① 尺度の得点の誤差が小さく、得点…
いる程度のことである。
② 折半法を用いて測定される。
③ クロンバックのα係数を指標とし…
④ 尺度が測定しようとしているもの…
ている程度のことである。
⑤ 再テスト法を用いて測定される。

◆全国模試　第1回　問92
尺度の信頼性及び妥当性につ…
のを1つ選べ。
① クロンバックのα係数は、…
は独立した指標である。
② 再検査法は、2つの異なる…
じ尺度による測定を実施し、…
法である。
③ ある尺度の基準関連妥当性…
が測定しようとしている心理特性を反映していると される外的基準との相関によって表…

模試一括申込 3パターンの受講料金	パック割引価格（税込）	講座コード 全国模試通信部	全国模試通学部
❶ 全国模試2回一括＋プレ模試1回＋事例模試1回＋基本問題模試2回一括WEB解説講義付	¥37,100	E1047T	※通学部会場受験の実施の有無については下記をご覧ください。
❷ 全国模試2回一括＋プレ模試1回＋事例模試1回＋基本問題模試2回一括DVD解説講義付	¥39,000	E1048T	
❸ 全国模試2回一括＋プレ模試1回＋事例模試1回＋基本問題模試2回一括解説講義無	¥34,200	E1046T	

	各模試毎の受講料			解説講義の有無	受験料（税込） 辰已価格	代理店価格	講座コード
①	プレ模試	通信受験のみ	1回のみ	なし	¥3,600	¥3,420	E1001T
②	事例模試	通信受験のみ	1回のみ	なし	¥4,900	¥4,655	E1036T
③	基本問題模試	通信受験のみ	2回一括	DVD解説有	¥18,000	¥17,100	E1010T
				WEB解説有	¥16,000		E1009T
				解説講義無	¥13,000	¥12,350	E1008T
			1回目のみ	DVD解説有	¥9,800	¥9,310	E1004T
				WEB解説有	¥8,800		E1003T
				解説講義無	¥7,000	¥6,650	E1002T
			2回目のみ	DVD解説有	¥9,800	¥9,310	E1007T
				WEB解説有	¥8,800		E1006T
				解説講義無	¥7,000	¥6,650	E1005T

※Webでの講義受講は、動画配信システム管理の都合上辰已法律研究所のWEBサイトでの申込に限らせて頂きます。代理店での販売はありませんのでご注意ください。

					辰已価格		通信部コード	通学部コード
④	全国公開模試	通学又は通信	2回一括	解説講義無	¥14,500	※注1	E1039T	※通学部会場受験の実施の有無については下記をご覧ください。
			1回目のみ		¥8,000		E1037T	
			2回目のみ		¥8,000		E1038T	

※注1　今回通学部会場設定の有無が未定で、通信→通学の切替等複雑な作業が入る可能性があり管理の都合上全国模試については通信通学とも代理店の取扱いはありません。

会場受験について

本試験を体感するために会場受験を希望される方が多く、当模試についても例年東京・大阪・名古屋・福岡等に会場を設置しております。本年も受験生のニーズにお応えすべく会場を設置予定ですが、新型コロナ感染症についての緊急事態宣言の発出状況が極めて流動的であるため、4月中旬まで、会場受験の発表および募集を見合わせる措置を取らせていただきます。コロナ感染症の状況によっては、通信受験のみの実施とすることもあり得ます。

従いまして、当模試の受験を希望される方につきましては、

❶通信部の受験と既に決定されている方は確定的に通信部をお申込み下さい。また、❷通学部会場受験が設定されない場合は通信で受験するが、会場が設置された場合には会場受験を希望される方も、いったんは通信部でお申込み下さい。会場設置の場合には、通信部お申込みの方に優先的に告知し会場受験への切り替えていただくという措置を取ります

（この会場受験への切り替えについてはWEBでのみ行います。その際ソーシャルディスタンス確保のため会場はすべて定員制としWEBでの先着順申込となることをご了承下さい。）

※以上の措置に伴い、当全国公開模試の申込を含むお申込みについては、管理の都合上、すべて辰已法律研究所の指定WEBサイトからのお申込に限らせていただき書店・生協等での取り扱いはありません。

当全国模試を含むWebでのお申込みはこちらから

●会場受験を実施する場合の日程
・第1回：5月下旬～6月上旬
・第2回：7月下旬～8月上旬

●会場受験予定会場
・第1回：東京/大阪/名古屋/福岡
・第2回：東京/大阪/名古屋/京都/福岡

●試験時間
本試験仕様
午前10:00～12:00
午後13:30～15:30

通信受験について

●申込締切り　4/10迄に通信部申込済みの方には、辰已からメールで通学部会場受験への切り替えにつきご連絡しWEBで切り替えを受け付けます。
それ以外の方は下記迄にお申込み下さい。
・第1回 一次〆切：2021年5月15日（土）
・第2回 一次〆切：2021年7月15日（木）
・第1～2回最終申込み〆切：本試験日11日前

●解答提出期限
・WEB入力方式
　第1～2回：本試験日前日まで回答の入力及び成績判定可
・マークシート提出方式
　第1回：2021年6月7日（月）辰已法律研究所必着
　第2回：2021年8月9日（月）辰已法律研究所必着

●教材発送
・第1回 一次発送：2021年5月21日（金）（※5/15（土）までお申込分）。以後、随時発送。
・第2回 一次発送：2021年7月21日（水）（※7/15（木）までお申込分）。以後、随時発送。
・第1～2回最終発送：本試験日9日前　問題冊子・解説冊子を、当方から事前に発送します（Pdfダウンロード方式ではありません）

●解答の方法は2つからいずれか選択
❶Web入力方式
❷マークシートを辰已法律研究所に郵送する方式
※受験料金は同一です。

❶→試験終了後指定されたURLに自分の解答を入力すると、入力後直ちに自分の点数・正答率・受験生全体の正答率などのDataを閲覧できて便利な方式です。但し、Webへの環境が必要です。
❷→Webとの接続環境にない方や慣れていない方は、紙のマークシートにマークしこれを辰已に郵送して頂きます。到着後採点の上辰已から成績表を郵送しますので、試験終了後若干の日数がかかることをご了承下さい（答案用紙の郵送料は各自でご負担下さい）。

●成績表発送
・第1回マークシート提出者への個人成績表発送
　2021年6月11日（金）
・第2回マークシート提出者への個人成績表発送
　2021年8月13日（金）
※Web入力方式で解答提出の場合、そのままオンラインでご自分の成績をすぐにチェックできます。

お申込方法

1. Webでのお申込　PC又はスマホ

❶クレジットカード決済　❷コンビニ決済
❸携帯電話キャリア決済　等

https://sinri-store.com/

詳しい手順は
本パンフ右
ページに記載

スマホの場合QRコードからも可能です

2. ☎でヤマト運輸デリバリーサービス（代金引換）のお申込

❶現金支払い　❷クレジットカード決済
❸デビットカード決済

ヤマト運輸のデリバリーサービスをご利用いただけます。お支払いは、直接ヤマト便の配達員にして頂きます。
上限は30万円です。
※講座料金のほかに①別途ヤマト便所定の代引き手数料及び②辰已事務手数料500円がかかります。
●ご注文はお電話で:辰已法律研究所デリバリーサービス係
0120-017-035
/平日・土曜(日・祝を除く)10:00-18:00

3.代理店（大手書店・大学生協）での申込

❶現金支払い　❷クレジットカード決済
❸デビットカード決済

※❷と❸は代理店によっては使用できない場合があります。
※代理店でお申込み可能な講座は「2021年公認心理師試験対策講座100時間DVD受講」のみとなります。

書店:紀伊国屋・ジュンク堂・有隣堂・くまざわ等　各店舗に事前にお問合せ下さい。
大学生協:大学事業連合に加盟している大学生協で取り扱われますが、事前に各生協にお問合せ下さい。全国代理店一覧QRコードで

https://bit.ly/383MAfB

4. 辰已法律研究所（東京本校・大阪本校）の窓口申込

❶現金支払い　❷クレジットカード決済
❸デビットカード決済　❹教育ローン（最大60回迄）

●東京本校　東京都新宿区高田馬場4-3-6
☎03-3360-3371(代表)
営業時間　12:00〜18:00
毎週火曜定休

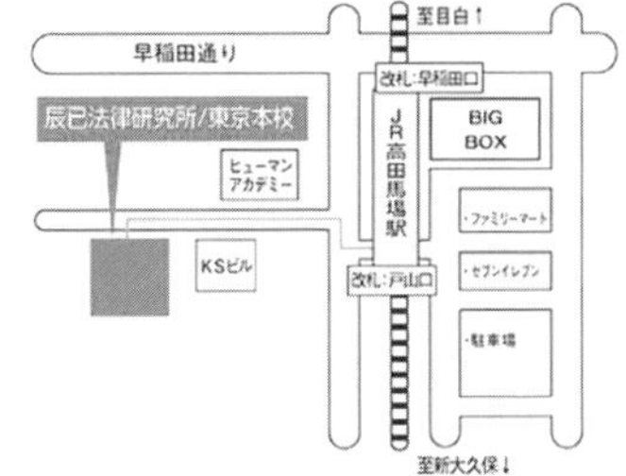

●大阪本校　大阪府大阪市北区堂山町1-5
三共梅田ビル8F
☎06-6311-0400(代表)
営業時間　平日13:00〜18:30
／土・日曜 9:00〜17:30
毎週火曜定休

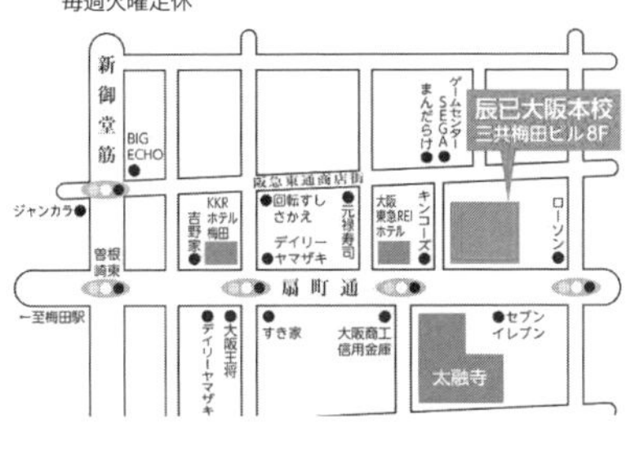

●お申込等についてのお願い

1 受講料には消費税が含まれています(辰已事務局受付価格。書店・生協によっては、消費税による端数の処理が異なり、価格が1円　単位で異なる場合があります)。尚、税率変更の際は、差額をご負担いただく場合がございます。予めご了承ください。
2 受講申込み後、解約の必要が生じた場合には、受付にお申し出下さい。講座開始前の返金金額は、パック料金、割引き料金、代理店(生協含む)での申込み金額から、解約手数料を差し引いた金額です。解約手数料は講座受講料の20%を原則とし、上限を50,000円とさせていただきます。講座開始後の返金金額は、受講料から受講済み部分に相当する受講料及び解約金を差し引いた金額です。受講済み部分に相当する受講料は、パック料金、割引き料金、代理店(生協含む)での申込み金額を基礎に、通学講座では時の経過分、通信講座では発送終了分として算出させていただきます。解約手数料は講座受講料の20%を原則とし、上限を50,000円とさせていただきます。なお、教育ローンをご利用の場合には、返金金額より、ローン会社に当社が支払わなければならないキャンセル手数料相当額を控除させていただきます。
3 通学部講座について:コロナ感染症予防のためのソーシャルディスタンス確保の為、教室定員を設定させていただき定員管理は全てWEB上で行いますので、通学部のお申込みは全て辰已法律研究所のWEB窓口からのみのお申込みとなり、代理店での取扱いはありませんのでご注意下さい。また、満席になりますとお申し込みをお受けできませんので、お申込みはお早めにお願いいたします。
4 地震・火災・講師の急病等、やむをえず休講・代講をする場合があります。予めご了承ください。その際のご連絡はHP掲載及びご登録のメールに配信いたします。
5 郵便振替・銀行振込・現金書留の場合:通信部のお申込は申込締切日の1週間前、通学部は開講日の1週間前までの必着でお願い致します。但し、通信講座についてご事情があれば随時ご相談に応じますのでお問い合わせ下さい。☎通信部フリーダイヤル0120-656-989
生協・提携書店での通信講座をお申込みの場合、申込書控えを辰已法律研究所迄ご郵送ください。

簡単決済 / Web申込み

全ての講座をお申込みになれます。
全国公開模試を含むお申込みは当WEB申込のみとなります(P11)。

1.Webでの申込

❶クレジットカード即時決済又は❷コンビニ決済又は❸携帯電話キャリア決済の方 ※銀行振込をご希望の方は下記2をご覧ください。

下記にアクセスして下さい。 https://sinri-store.com/ 心理ストア 検索

スマホからもお申込頂けます。→

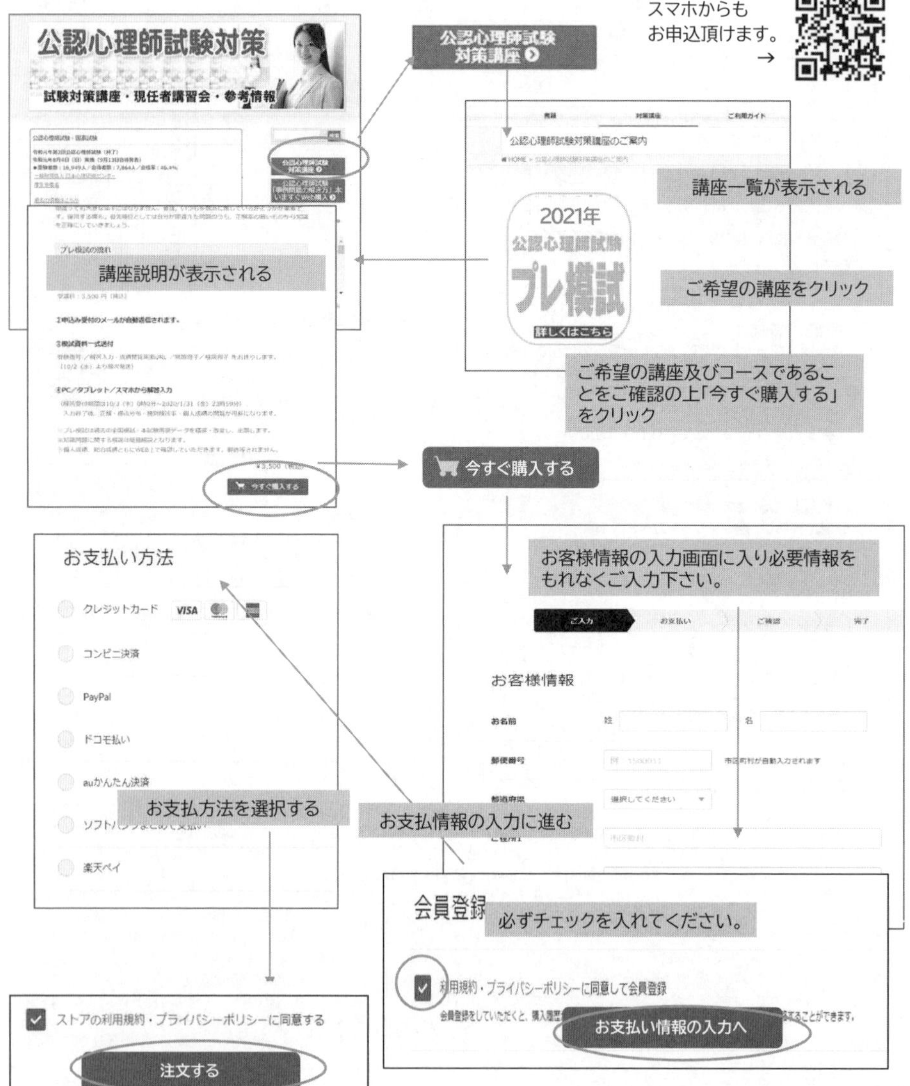

公認心理師試験合格者から寄せられた声/声/声
続くのは・あなたです。

歴史の浅い試験で、なかなか対策を立てることが難しいですし、不安も強いと思います。私もそうでした。でも、自分が働く領域以外の新しい知識を学べたり、既存の知識も改めて理解を深められたり、資格試験の勉強自体がとても自分の糧になったなと思っています。みなさまの合格をお祈りしています！
東京MY臨床心理士

私は、試験の時、午前が終わった時点で「難しすぎる、無理だ、落ちた」と思い、午後まったくやる気になれませんでした。ここまで来たのだから、と全力を尽くしました。蓋を開けてみたら午前午後ともに75%の得点率でした。諦めず途中で投げず、最後まで頑張ってみてください。きっと道が開けるはずです。応援しています。コムニさんと辰巳さんのドリル、受験時に大変お世話になりました。ドリルをやっていたお陰でわかった問題がありました、本当にありがとうございました。
東京NO臨床心理士

おかげさまで公認心理師試験に合格致しました。模試の丁寧な解説、ドリルの法律問題の面白さ、メールマガジンに支えられました。ありがとうございました。

受験前、受験後ともに数々のサポートをして頂き、ずいぶん安定して過ごすことが出来ました。有り難うございました。

チームの皆さんに一言お伝えさせて下さい。京都コムニタスさんの模擬試験の解答解説が非常に丁寧 で勉強になりました。他にも模擬試験を受けましたが、解答解説は簡単でした。ありがとうございました。

模試を受けておいてよかった。模試を受けてなければ落ちてました。
ありがたかったです。
大阪MH臨床心理士

受験勉強はストレスにもなりましたが、夫婦で受験だったので、一緒に勉強ができたり小学生の子どもとも一緒に勉強ができたのは良かったです。子どもにとっても、両親が勉強を頑張っている姿は刺激になったようで、それが家族の良い思い出となりました。新潟TN臨床心理士

貴校の模試で鍛えられ、無事合格しました。公務員なので、関連法と通知には詳しいつもりでしたが、あなどれませんね。また、肢別ドリルのあちこちにおもしろいコメントを見つけては心の慰めにしており ました。現任講習から合格発表まで駆け抜けた受験生に伴走してくださり、感謝申し上げます。

辰巳法律研究所さんからの情報には、大変お世話になりました。有り難い思いで、このアンケートにお答えしました。宮城FA臨床心理士

公認心理師の資格試験に合格し、そのお礼を申し上げたく、ご連絡をさせていただきました。試験前に、御社の模試を二回受けさせていただきました。当初、何を頼りに勉強をしたらよいのか、さまよっておりましたが、模試は大変役立ちました。第一回目は、ぎりぎりに申し込んだにも関わらず、受験票を当日渡しにして下さるなどのご配慮、模試では、とても練られた問題、更に詳細な説明入りの解答の冊子配布、また、本番試験後の合格予測などのフォローなど、とても有難かったです。模擬試験は、とてもとても、難題ばかりでひやひやでしたが、解答をもとに、復習などして取り組むことができていましたので、本番の問題へは、気負うことなく、落ち着いて受験することができました。鍛えられていたお陰です。また、勉強したことは、仕事にいかせております。今後も、様々な分野での御社のご発展を心よりお祈り申し上げます。

受験資格をもらえた方は幸運です。試験を受ける資格をもらうために私は、25年間私にできる努力をして待ち続けました。心理の先達が、さまざまな努力を重ねてここを至るための道を築いてくれていたことを本人たちの言葉で伺うことができました。日大の試験会場では試験開始前、私は不覚にも涙しました。どうか受験を許された皆様、試験を受けられる幸運を思い、クライエントさんに寄り添える心理師となってください。神奈川 MM 臨床心理士

京都コムニタス様、辰巳法律研究所様、模試でお世話になりました。おかげさまで無事合格しました。ありがとうございました。岡山KK臨床発達心理士

「京都コムニタスの模試は難し過ぎ」という苦情(？)が周囲で聞こえていましたが、自分の勉強不足を痛感し、そこから高い目標に向けて学習する気力を出すのに、とても役立ちました。東京JK臨床心理士

学びに無駄なことはないと思います。私自身は、今後も勉強を怠らず、好奇心を失わず、精進していきたいと思っています。
愛知TG臨床心理士

コムニタスさんの模擬試験1回目・2回目ともに解説が丁寧で分かりやすく、とても勉強になりました。ありがとうございました！
静岡EY臨床心理士

私のように大学院を離れて、仕事や子育てに追われながら一人で勉強するのはとても大変なことです。そんな時、予備校の講座や情報というのが本当にありがたく役に立ち、励まされました。辰巳法律研究所さんや京都コムニタスさんにはぜひとも私のような人達を救ってほしいです。神奈川MT臨床心理士

個人的に京都コムニタスの模試を受けてよかったと思います。辰巳さんの肢別ドリルでの「当日の注意事項」なども、ここまで？と思うほど行き届いたものだったと思います。最後の最後まで、そして試験が終わっても、熱意あるサポートを嬉しく感じました。
神奈川KY臨床心理士・精神保健福祉士

全国模試の団体受験等のご希望について

大学のゼミ生全員で大学構内で受験したいという方、自分の担当する大学院生全員を受験させて全国規模でのレベル判断をしたいという大学の先生、仕事場の仲間と会社の会議室で受験したい等の様々な団体受験ニーズについて、何でもご相談に応じます。ご連絡下さい。

連絡先 辰巳法律研究所 法人提携グループ 03－6457－3136 / 担当小野
☎03－6457－3136 (日・祝祭日を除く)平日の10:00-17:00
E-mail zigyo33@tatsumi.co.jp